オーボンヴュータン

# 河田勝彦の思い出菓子

# はじめに

「Au Bon Vieux Temps（オーボンヴュータン）」とは、フランス語で「思い出の時」をさします。僕にとってのそれは、フランスで過ごした約8年の日々。１９７０年前後の変革の時代のなかで、たくさんの衝撃を受け、いろいろな出来事や人に遭遇し、がむしゃらに働き、とことん思い悩みながらずっと菓子づくりをしてきました。それらの経験から得たものは、すべて僕にとってはかけがえのないものであり、帰国して半世紀近く経とうとしている今でも変わることなく僕のなかにあって、ずっと生き続けています。

この本で紹介している20種類ほどの菓子は、数は少ないですけれども、どれも僕の心に強い印象を残しているものばかりです。今やフランスのパティスリーには創作的な菓子があふれていますが、僕がいた頃はババやポロネーズ、パリ・ブレストといった定番の菓子が店を埋め尽くしていました。そして、それらはどれもおいしくて、とても魅力的でした。地方を巡ってそれぞれの土地の郷土菓子にもふれ、いろいろなエピソードも含めて語れるような、そうした菓子にもたくさん出合えて、菓子職人としての人生により強い覚悟ができたな、と思っています。

自分が積み重ねてきた経験から、僕には絶対的に譲れないおいしさというものがあります。ルセットや製法よりも、そのおいしさをどういう思いでつくり上げてきたかを、僕は大事にしてしまう。菓子というものは数字や理論、科学で成り立つ部分も大きいわけですけれど、僕自身はもっと職人的な感覚や抽象的な意味のなかにおいしさを追い求めてしまうんです。自分の経験したこと、感じたこと、人生のなかでのいろんなことが一つひとつの菓子に反映されていくと僕は思っていて、それはこれからもずっと変わることはないでしょう。

職人とは、自分の仕事を一途にまっとうしている人のことをいうのだと思います。僕は、フランスで、そして日本で、そうしたすばらしい職人にたくさん出会い、自分もそうでありたいと願ってきました。時の流れとともに、職人が生きるのが大変な時代にどんどんなってきてしまっていますけれども、時代が変わるのは当り前であって、それに力負けしてしまうのは嫌なんです。たかが菓子ですけれどね。僕が追いかけているものは、フランスにいた時も、店を開いた時も、今も、そして、これからも変わりません。変えようにも変えられないですから。

そうしたさまざまな思いをこの本から少しでも感じていただけたら、うれしく思います。

河田勝彦

# 目次

## 菓子をつくる前に

・小麦粉などの粉類は使う前にふるいます。

・バターは無塩バターを使用し、冷やしておきます。

・卵は室温にもどしておきます。

・板ゼラチンは冷水に浸けてふやかし、手でしっかり絞ってキッチンペーパーで包んで軽く水けを切ってから使用します。

・生地をのばす際は、必要に応じて打ち粉をします。

・打ち粉は強力粉を使います。

・ミキサーで攪拌する際は、適宜止めてゴムベラやカードなどでボウルの内側側面やアタッチメントに付いた生地・クリームなどをきれいに払い落とします。

・ミキサーの速度や攪拌時間は、あくまでも目安です。

・とくに記載がない場合、オーブンはデッキオーブンを使用します。

・オーブンはあらかじめ焼成温度に温めておきます。

・オーブンの温度や焼成時間は、あくまでも目安です。

・室温の目安は約25℃です。

・人肌程度の温度の目安は28〜32℃です。

・使用素材のなかにはメーカー名や製品名などを表記しているものもありますが、これは実際の風味を知る手がかりとして記したものです。好みのものを使っていただいて構いません。

＊本書は、㈱柴田書店刊行のMOOK「café-sweets」vol.181〜198（2017年4月〜19年3月）に掲載した連載「オーボンヴュータン 河田勝彦の思い出菓子」の記事をもとに、ルセットを加えて1冊にまとめたものです。

取材・文／瀬戸理恵子

撮影／合田昌弘、天方晴子（p115、p157〜159）

デザイン／矢内 里

編集／吉田直人、永井里果、大坪千夏、黒木 純

# Ali Baba

アリ・ババ

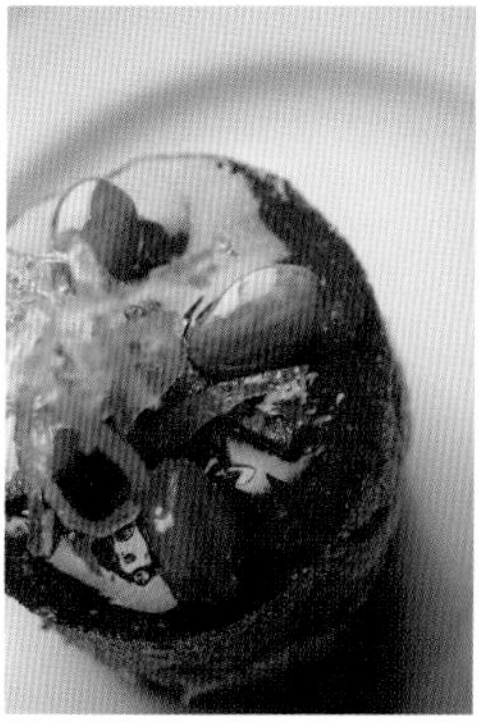

Ali Baba

## パリで出合った匂いの記憶。
## ババの魅力はラム酒の豊かな香り

パリへ最初に渡ったのは、忘れもしない1967年の6月6日。シベリア鉄道でモスクワへ行き、そこから飛行機に乗り、ようやくオルリー空港に着いた時はもう真夜中でした。ホテルなんてとっていないから、明け方まで空港のベンチで寝ていたら、係員に通報されちゃってね。連絡を受けて日本の大使館の職員と知り合いの画家さんが来てくれたんですけれど、あの時は参ったなあ。とりあえずは14区のアレジア駅近くのホテルに泊まるよう説得されました。それで1ヵ月分の宿泊代を前払いしたら、所持金がほとんどなくなってしまって、焦ったあ！　だからってすぐに日本へ帰るわけにもいかないから、あわてて職を探したわけなんですけれど。

それはさておき、初めてのパリは感激の連続でした。とくに、匂い。すべてが東京とは全く違う！　カルチャーショックを受けました。泊まっていたホテルの窓を開けると、道路の反対側にあるマルシェから、スパイスやフルーツの香りが漂ってきてね。あの頃店先で売られていたフルーツは、今と違って傷だらけでしたけれど、香りはずっと強かった。鮮明な記憶として残っています。

ホテルの近くにあった菓子屋で初めて出合ったババの香りも忘れられ

ません。ババはフランス古典菓子の一つですけれど、当時は今のようにどこの店にも置いてあるわけではなかったし、ビストロやレストランでもあまり見かけませんでした。でも、その店にはあってね。棚の上にラム酒が入ったフラスコみたいな瓶が置かれていて、持ち帰りの箱に詰める時、ドバーッてかけてくれるんです。もう、その香りがたまらなくって！　「お酒が効いてる〜！」って感じで、食べたらすぐ顔が真っ赤になってしまうけれど、あれは旨かった。その感動があるから、僕はババといったら絶対ラム酒なんです。グランマルニエやコニャックなどを使う人もいるけれど、僕はラム酒じゃないと嫌。ガツンと濃くて力強い、ダークラムね。これは何が何でも譲れません。

## 強力粉でつくった噛みごたえのある生地に<br>シロップとお酒をたっぷり吸わせる

「オーボンヴュータン」では店を始めた頃から、ラム酒たっぷりの筒形のババに、同じくラム酒の効いたクレーム・パティシエールを挟んだ、「アリ・ババ」を販売しています。基本的には、パリの修業先の一つ、「コクラン・エネ」で出していたアリ・ババのアントルメと同じ。濃厚な質感のクリームによって、ババにコクが加わるのが気に入っています。名前の由来は、「アリババと40人の盗賊」から。煮えたぎった油を注がれて燃え上がる炎をイメージして、オレンジピールを飾ったのは僕のアレンジです。

スパイスやオレンジが香るシロップを含ませ、ラム酒をたっぷりと打ったレーズン入りのパータ・ババに、ラム酒入りクレーム・パティシエールをサンド。ラムレーズンをのせ、オレンジの皮のジュリエンヌを立体的に飾った。口に入れると、噛みごたえのある生地からシロップがじゅわっとあふれて濃厚なクリームと混じり合い、ラム酒の香りが広がる。

## Ali Baba

ババのおいしさを決めるものとして、いちばん大事なのは生地の強さだと思います。ブリオッシュのように目が細かくてふわっとしたリッチな生地と違って、ババの生地は目がしっかりしていて、噛みごたえがあるもの。そのなかにシロップやお酒をたっぷり含ませなくてはいけないわけですから、使う粉はやっぱり、薄力粉ではなくて強力粉でなくちゃダメです。生地が色付くまで焼き上げたあと、低温の窯で中までしっかり乾燥させます。そして、しみ込ませるシロップの糖度はボーメ20度。これも絶対です。しみ出すほど大量のシロップを加えるので、砂糖が多いと甘さばかりが際立ってしまいますが、一方でラム酒の強いアルコール感に負けない甘みでなくてはいけない。そのバランスがとれる糖度がボーメ20度なのです。甘みが弱すぎると旨みが消えてしまいます。しかし、味や香りより先に甘みを感じてしまうことがあれば、菓子としては不成立であるといわざるを得ません。

　シロップにお酒を混ぜてからババの生地を浸す人も多いですが、僕はパリで学んだルセットの通り、シロップを含ませた生地にあとから刷毛でラム酒を打っています。そのほうが香りが立ちますし、インパクトも強くなるんです。数ある菓子のなかでも、ババほどお酒を効かせるものはないと思いますよ。ババを食べてもしお酒が効いていなかったら、がっかりして腹が立っちゃう。サバランだったら、ガルニチュールやクリームによってお酒を変えるけれど、ババは何が何でもラム酒ですよ、やっぱり！　ラム酒が効いてこそババだと思います。

# Ali Baba

アリ・ババ

［ 材料 ］

直径5cm・24個分

パータ・ババ（→「基本」p164）
*pâte à baba*　24個

シロップ　*sirop*
　グラニュー糖　*sucre semoule*　750g
　水　*eau*　1500g
　シナモンスティック　*bâton de cannelle*　約3本
　スターアニス　*anis étoilé*　11〜12個
　オレンジの皮（薄くむく）
　　*zestes d'orange*　3/4個分

クレーム　*crème*
　クレーム・パティシエール
　（→「基本」p162）　*crème pâtissière*　440g
　ラム酒　*rhum*　48g
　※ボウルにクレーム・パティシエールを入れて泡立て器でなめらかになるまで混ぜたあと、ラム酒を加えてよく混ぜる。

ラム酒　*rhum*　240g
グラサージュ・ダブリコ（→「基本」p161）
*glaçage d'abricot*　適量
ラム酒漬けのレーズン＊
*raisins au rhum*　96粒
オレンジの皮のジュリエンヌ
（→「基本」p160）
*jullienne d'oranges confites*　適量 Q.S.

＊湯にサルタナレーズンを浸し、1日おいてふやかす。網にあけて水けを切ってから容器に移し、フランベしたラム酒をレーズンがひたひたに浸かる程度まで注ぎ入れ、3日以上おく。

## シロップをつくる

1

鍋にすべての材料を入れて火にかけ、沸騰させる。バットに移し、室温に置いて35℃になるまで冷ます。

## 組立て・仕上げ

1

パータ・ババの上面のでっぱりを波刃包丁でそぎ落とす。さらに側面を薄くそぎ落として円筒形にととのえる。

2

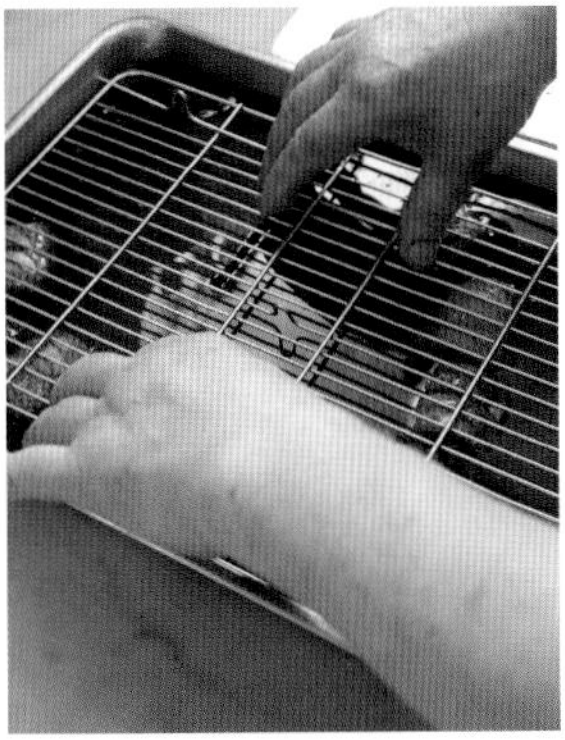

35℃のシロップに**1**を浸し、重石として上に網をのせる。そのまま1時間弱漬け、生地全体にまんべんなくシロップをしみ込ませる。

※時間が経つとシロップが冷えて生地に浸透しづらくなるので、途中で2～3回、バットごと火にかけて35℃を保つ。

3

約2倍に膨らみ、手で押しても芯のない状態になれば、手で軽く握ってシロップを2割程度絞り落とし、網にのせる。

※手で押して固い部分がないのは、しっかりと中心までシロップがしみ込んでいる証。シロップの絞り具合は、網にのせると生地からシロップがポタポタとゆっくり落ちるくらいが目安。

4

底側の高さとそぎ落とした焼き面側の高さが3対5になるように、生地に水平に包丁を入れて上下に切り分ける。断面を上にして網に並べる。

5

断面に刷毛でラム酒を5g（1個につき10g）ずつ打つ。

6

そぎ落とした焼き面側の生地を切り口が上になるようにアルミカップに入れる。クレームを口径9mmの丸口金を付けた絞り袋に入れ、20gずつ絞る。底側の生地を切り口が下になるようにかぶせる。

7

グラサージュ・ダブリコを沸騰させ、**6**の上面に刷毛でたっぷりと塗る。

8

ラム酒漬けのレーズンを網にあけて汁けを切り、上面に4粒ずつのせる。その上にもグラサージュ・ダブリコを刷毛で塗る。

9

上面中央にオレンジの皮のジュリエンヌを手で軽くまとめてふわっとのせる。

# Paris-Brest

パリ・ブレスト

# パリ・ブレストで初めて知った濃厚なプラリネ。苦手だったその風味も帰国時には好きになっていた

パリ・ブレストは、１８９１年にパリとブレストをつなぐ自転車レースを記念してつくられた、歴史ある菓子です。だから、シュー生地は車輪をかたどったリング形。僕がフランスで働いていた頃は、ブレストではほとんど見かけませんでしたが、パリのいくつかの菓子屋ではこの菓子を置いていました。アントルメよりもプティ・ガトーのほうが多くて、シューの間に挟まれているのはたいてい、小麦粉を使っていてボテボテに重たいクレーム・パティシエールをベースにした、プラリネのクリームでした。

パリ・ブレストといえば、プラリネが欠かせませんが、フランスに渡ったばかりの頃は、僕はこのプラリネがどうしても好きになれませんでした。日本にいた間にはこういう風味の菓子はまわりにありませんでしたし、菓子屋で働いていてもヘーゼルナッツはおろか、アーモンドすら使ったことはありませんでしたからね。日本でもホテルに勤めていた人ならば知っていたかもしれませんが、僕にとっては経験のない衝撃的な風味。最初に知ったのがたぶん、パリ・ブレストだったのではないかと思います。

食べてみると、僕にはもう、豆（ナッツ）の風味とキャラメルがから

## Paris-Brest

んだ独特の香りがきつくて、きつくて！　嗅ぐだけでムッときて、具合が悪くなってしまうほどでした。だから、パリの修業先でプラリネのクリームを絞る時は、息を止めていましたよ。とはいえ、フランスではどの菓子屋でもプラリネの菓子を置いていたし、食事をしても出てくることがあったから、だんだん慣れていきましたけれど。何より、フランス菓子には欠かせないもので、仕事で扱わなければいけないわけですから慣れなければ仕方ありません。僕にとってプラリネを好きになることは、仕事への覚悟とイコールでした。

　プラリネだけではなく、フランスに渡って衝撃を受けた香りはたくさんありました。バターや乳製品の香りの強さにも驚きましたし、質のよいラム酒やグランマルニエの香りだって、日本では嗅いだことはなかったし、街を歩けば、地下鉄は独特の匂いがあったし、市場では花やフルーツが香っていて。いろんな人種もいてそれぞれ体臭が違うし、女の人の香水の匂いなんて近くを通るだけで酔ってしまうくらい。そういういろんな匂いが混ざったなかにいたら、何が何だかよくわからなくなって、「いったい俺をどこに連れて行くんだろう」っていう感じ。今のパリでは、そういう匂いがずいぶん薄くなってしまいましたけれどね。

### プラリネを手づくりすることで味わいの濃淡を調整する

　そんなことを言いながら、フランスを離れる頃にはあんなに苦手だっリング形のパータ・シューにアーモンドダイスをまぶし、水分を飛ばしながらじっくりと焼くことで、サクッとした軽やかな食感と、こうばしく豊かな風味を引き出した。バター、パータ・ボンブ、アーモンドとヘーゼルナッツのプラリネ、ムラング・イタリエンヌ、クレーム・パティシエールを合わせた、まろやかなクリームをサンド。

たプラリネの香りも好きになっていたし、いろいろな豆（ナッツ）を菓子に使うこともごく当り前のことになっていました。帰国していちばん困ったのは、質の高い豆が手に入らなかったこと。渡仏後約8年経っていましたが、まだまだ日本では豆がフランスほど使われることがなく、手に入るものはどれも味がなくて。食材の輸入会社に頼み込んでヨーロッパ産の風味の強いアーモンドを仕入れてもらい、㈱井上製作所から使っていない石のローラーを譲ってもらって、パリで学んだことをもとにプラリネやジャンドゥーヤを自分でつくりはじめました。つくりたては風味が格段に違いますし、配合を変えて自分の味を表現することもできます。僕はナッツもキャラメルも濃いめの焦がし具合が好きですね。ヘーゼルナッツは皮付きだとえぐみが強くなりすぎるので、かならず皮をむきますけれども、アーモンドは皮付きもおいしいので、皮付きと皮なしの両方でプラリネをつくります。

　ボンボン・ショコラやチョコレート菓子であれば、プラリネの濃厚な風味を前面に打ち出してもバランスがとれるけれど、生菓子だと僕は少し食べづらいな、と思ってしまいます。とくにヘーゼルナッツだけでつくるプラリネはどうしてもくどさが出てしまうので、アーモンドを配合して軽やかさを加えることが多いですね。パリ・ブレストのプラリネも、ヘーゼルナッツとアーモンドを同割で合わせたもの。僕の頭のなかには、パリの街角の菓子屋で売られているパリ・ブレストのような、風味がきつすぎず、食べやすい日常の菓子というイメージが強く残っているのでしょう。

# Paris-Brest

パリ・ブレスト

［ 材料 ］

直径 15 ×高さ約 7cm のセルクル・2 台分

パータ・シュー（→「基本」p164）
*pâte à choux*　約 200g

クレーム・ムースリーヌ・オ・プラリネ
*crème mousseline au praliné*

バター　*beurre*　50g
パータ・ボンブ（→「基本」p166）
*pâte à bombe*　17g
プラリネ・アマンド・ノワゼット
（→「基本」p168）
*praliné amande noisette*　50g
ムラング・イタリエンヌ
（→「基本」p169）　*meringue italienne*　17g
クレーム・パティシエール
（→「基本」p162）　*crème pâtissière*　137g

澄ましバター＊　*beurre clarifié*　適量 Q.S.
アーモンドダイス　*amandes hachées*　適量 Q.S.
ドリュール（全卵）　*dorure (œufs enters)*　適量 Q.S.
粉糖　*sucre glace*　適量 Q.S.

＊バターを溶かして上澄みの油脂分だけを取り出したもの。

## 組立て 1

1

直径 15㎝のセルクルの内側側面に、刷毛で澄ましバターを少し厚めに塗る。アーモンドダイスをたっぷり入れた容器にくぐらせ、内側側面にアーモンドダイスをまんべんなく貼り付けて、フッ素樹脂加工の天板にのせる。

2

パータ・シューが温かいうちに、口径 9mm の丸口金を付けた絞り袋に入れ、セルクルの内側側面の縁に沿ってリング形に 1 周ぐるりと絞る。そのリング形の内側に沿ってもう 1 周ぐるりと絞る。

3

セルクルの内側側面の縁に沿って絞ったパータ・シューの上に重ねるように、さらに 1 周ぐるりとリング状に絞る。

4

刷毛でドリュールを塗り、その上にアーモンドダイスをふる。

5

上火・下火ともに 200℃のオーブンで約 24 分焼成する。型をはずし、上火・下火ともに 180℃にしてさらに約 23 分焼成する。焼き上がったら網にのせて室温で冷ます。

## クレーム・ムースリーヌ・オ・プラリネをつくる

1

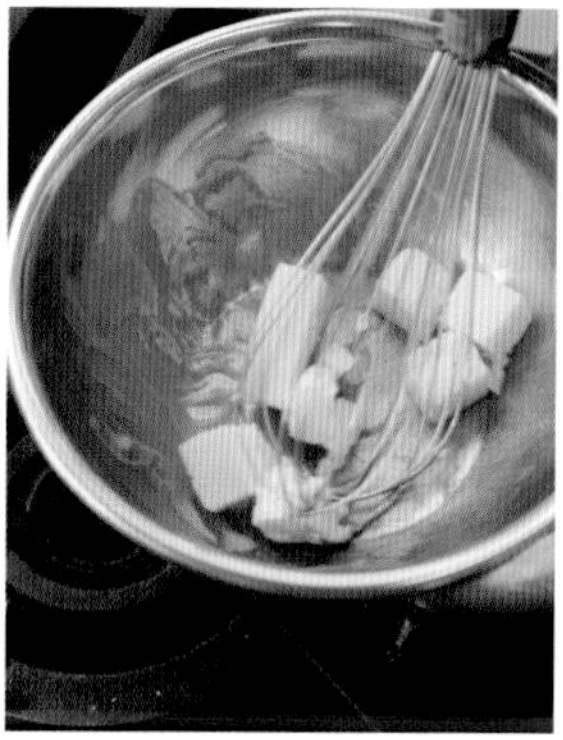

ボウルに冷たいバターを適当な大きさに切って入れ、ボウルの底を直火にさっとあててから、泡立て器で混ぜてポマード状にする。

2

パータ・ボンブ、プラリネ・アマンド・ノワゼットを順に加え、そのつど泡立て器でよく混ぜる。

3

ムラング・イタリエンヌを加え、均一な状態になるまで泡立て器でさっくり混ぜる。

4

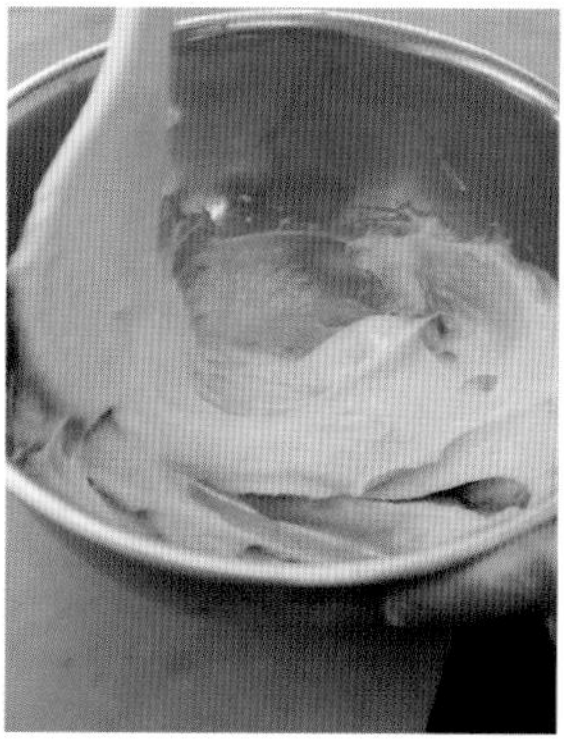

別のボウルにクレーム・パティシエールを入れ、なめらかになるまでヘラで混ぜる。

※クレーム・パティシエールが冷えすぎていると、次の工程で**3**と合わせる時に乳化しづらくなるため、室温近くまでもどす。

5

**4**に**3**を加えて均一な状態になるまで混ぜる。ラップフィルムをかけ、7～8分冷凍庫に置いて絞りやすい固さになるまで締める。

## 組立て 2・仕上げ

1

リング形に焼成したパータ・シューに波刃包丁を水平に入れて、上下に切り分ける。

※下半分をやや厚めにすること。

2

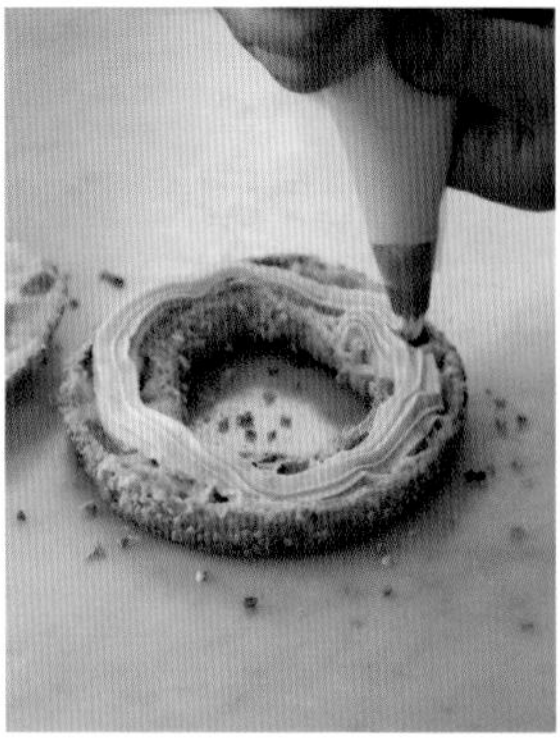

クレーム・ムースリーヌ・オ・プラリネを9切13番の星口金を付けた絞り袋に入れ、**1**の下側の生地の中に入れるようにして1周絞る。

3

**2**の上に8の字を描くようにしながら1周絞る。

4

**1**の上側の生地の焼き面に粉糖をふり、**3**にかぶせる。

# Polonaise

ポロネーズ

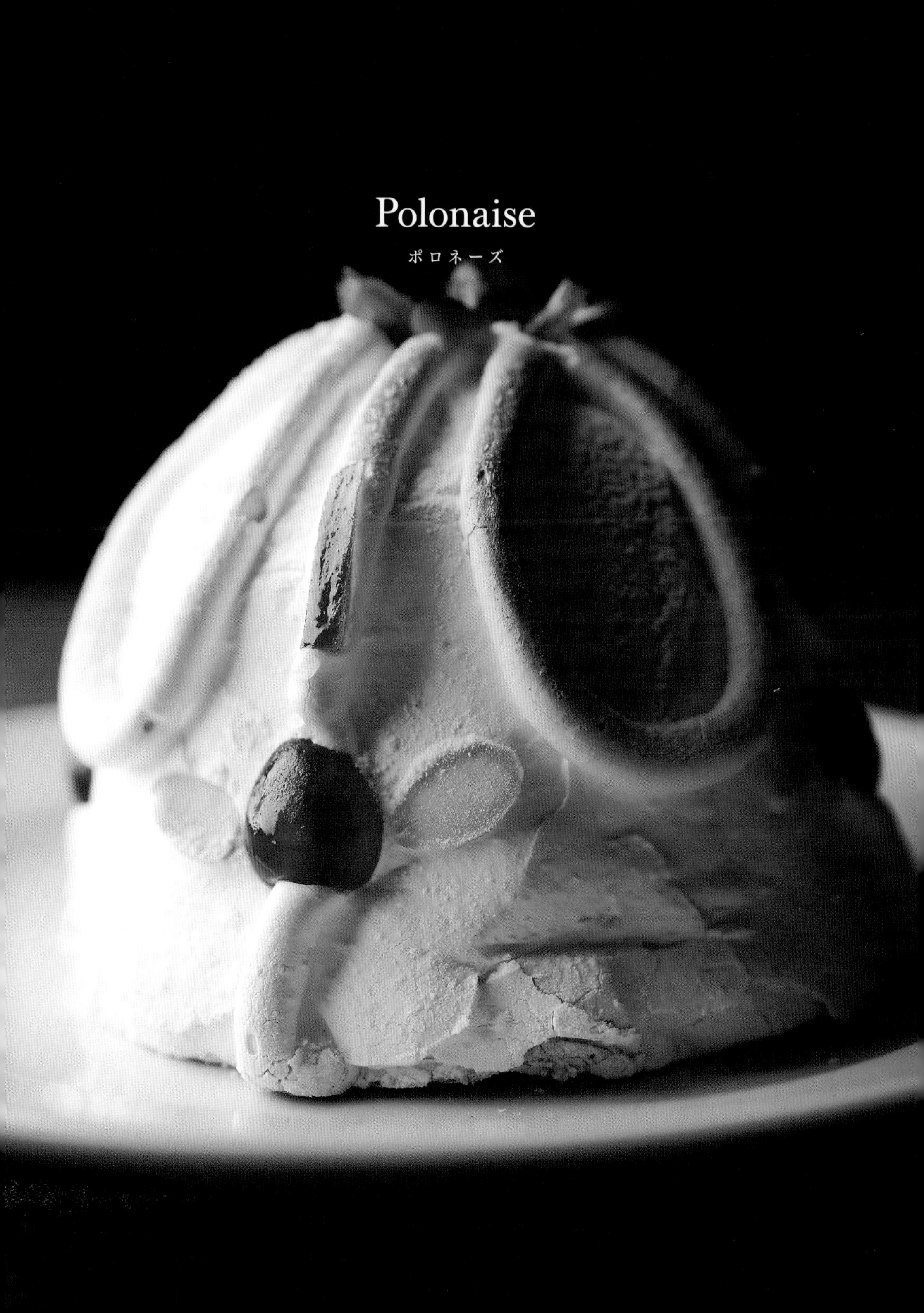

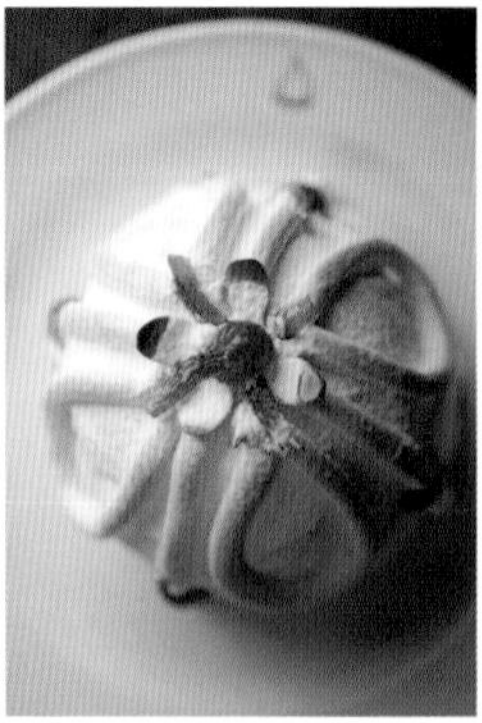

# ひと晩おいたブリオッシュと、卵白を活用。フランスで学んだ無駄を出さない仕事の仕方

「ポロネーズ」というのは、フランス語でポーランド人のこと。この菓子はポーランド人の肌の白さをメレンゲで表現した菓子だといわれていて、僕がパリに行った頃は、どこの菓子屋でもつくっていました。日本では見たことも食べたこともないようなタイプの菓子でしたけれど、メレンゲは乾いた感じで甘みもそこまで強くないし、サクッ、グシャッとした食感のバランスがよくて好きでしたね。クラシックな菓子でありながら、形や飾りの表現によってすごくモダンに見えたりもして、いろんな店で食べました。

この菓子にはブリオッシュを使うのですが、焼きたてをシロップにくぐらせるとシロップがしみ込みすぎてグシャグシャになるので、かならずひと晩おいたものを使います。前日に売れ残ったブリオッシュを使ってつくることが多くて、いわゆる再生菓子っていうんですかね。菓子屋のブリオッシュはパン屋のものに比べてバターの量がずっと多いので、リッチに仕上がっておいしいと思います。

思い返すと僕がフランスで修業した時代は、できるだけ無駄を出さない仕事の仕方をしていました。ブリオッシュが余ればポロネーズやボストックをつくるし、フルーツもいろいろ加工して無駄なく使い切る。

## Polonaise

ジェノワーズの切りくずだって、捨てることなくほかの菓子に使います。無駄を出さないようにメニュー構成を考えたり、加工で工夫したりすることも、菓子屋として大事なことだと僕は思います。

その意味でも印象的だったのは、卵白の使い方ですね。日本で働いていた時には、卵黄はクリームや生地に使うけれど、卵白で何かつくることはほとんどなくて、たくさん捨てていました。でもフランスでは、卵白は余るどころか足りなくなるくらい。フール・セックやマカロンはもちろん、ダックワーズやパータ・シュクセといった生地にもたくさん使います。ポロネーズやタルト・オ・シトロンのように、メレンゲを菓子の上に絞ることもある。卵白を使う菓子がなんて多いんだろうって思いました。その無駄のなさが、フランス菓子のバランスなんですよね。大きく焼いたメレンゲも、フランス人はみんな大好きです。何かを求められた時はショコラかメレンゲの菓子をつくれば、フランスで文句を言われることはまずないんじゃないですか。

### ポロネーズは店のカラーをつくる商品の一つ。売れないからといってやめるわけにはいかない

日本では、ポロネーズに手を出すお客さんはあんまり多くないですね。でも、いいんです。生菓子のなかであの独特の食感は貴重だし、何より僕が好きだから。この菓子は好きな人が少ないからやめよう、みたいな基準は僕にはないです。なぜかって、店の核となる人間の好きなも

シナモンとオレンジが香るシロップをしみ込ませ、キルシュを打ったブリオッシュ生地は、適度にやわらかく香り華やか。クレーム・パティシエールとフリュイ・コンフィを挟んでムラング・イタリエンヌでおおい、アンゼリカとドレンチェリーを飾って焼き色を付けた。サクッとしたメレンゲと、じゅわっとした生地の食感の対比が魅力的。

の、つくりたいものというのが、店のカラーをつくっていくわけでしょう？　核となる人間は複数ではなく1人であるべきだと思うし、その人は強い意志でカラーを出していかなくてはいけない。そうでないと、その店で貫かれるべき1本の筋がくずれてしまいますからね。逆に、人気が出てきたところでつくるのをやめちゃう菓子もあります。今度は違うものを食べてもらおう、と思って。自分が飽きたらやめちゃうし、つまりは気まぐれなんです。

　菓子屋の仕事というものは、生菓子から焼き菓子、コンフィズリー、ショコラ、ヴィエノワズリー、グラス、トレトゥールまで幅広いものです。しかも、生菓子の生地だけ見ても、ビスキュイあり、フイユタージュあり、シューあり、発酵生地ありと、いろんな種類があります。それらすべてをこなしてこそ菓子屋だと僕は思うし、マカロンだとか、エクレールだとか、何かに偏るのではなくてバリエーションをつくらなくてはいけないと思っています。パティシエにとっては、それが表現の幅を広げることにつながりますし、仕事の楽しさにもなります。そしてお客さんには、たくさん並んだ菓子を見渡して「わあ！」と声が上がるくらい、ウキウキ、楽しい気持ちになってほしい。宝探しのようにお気に入りの菓子を見つけて、「おいしい！」と喜んでもらえたら、それだけで僕はうれしくなっちゃいます。

　根底にあるのは、半世紀前に僕がパリで味わったワクワク感です。あの感動が今も忘れられないから、今まで飽きもせず、来る日も来る日もこれだけの数の菓子をつくり続けているのでしょうね。

# Polonaise

ポロネーズ

［ 材料 ］

直径 10cm・1 台分

パータ・ブリオッシュ＊（→「基本」p165）
*pâte à brioche* 1 台
（直径 10 × 高さ 11cm のブリオッシュ・ムースリーヌ型で製造／仕上がり量 280g）
＊焼成後、1 晩おいたものを使う。

シロップ *sirop*
グラニュー糖 *sucre semoule* 375g
水 *eau* 750g
シナモンスティック *bâton de cannelle* 10g
オレンジの皮（薄くむく）
*zestes d'orange* 1/2 個分
※鍋にすべての材料を入れて火にかけ、沸騰させる。バットに移し入れ、室温に置いて 30℃に冷ます。

クレーム・パティシエール＊
（→「基本」p162） *crème pâtissière* 約 200g
＊使う直前にボウルに入れ、ヘラでなめらかになるまで混ぜる。

ムラング・イタリエンヌ（→「基本」p169）
*meringue italienne* 約 600g

キルシュ *kirsch* 適量 Q.S.
ラム酒漬けのフリュイ・コンフィ・ミックス＊
*fruits confits au rhum* 適量 Q.S.
ドレンチェリー *bigarreaux confits* 適量 Q.S.
アーモンドスライス *amandes effilées* 適量 Q.S.
アンゼリカ *angéliques confites* 適量 Q.S.
粉糖 *sucre glace* 適量 Q.S.
ボーメ 30 度のシロップ（→「基本」p169）
*sirop à 30° Baume* 適量 Q.S.
＊レーズン、オレンジ、レモン、パイナップル、チェリーのコンフィをラム酒に漬けた市販品を使用。

## 組立て・仕上げ

1

パータ・ブリオッシュの底面を波刃包丁で切り落とし、波刃包丁を横に入れ、厚さ1.5～2cmに4枚スライスする。

2

4枚を重ねたまま作業台に置き、円錐台形になるように側面をそぎ落とす。

3

約30℃に調整したシロップに**2**を1枚ずつ浸し、すぐに手でぎゅっと絞って天板にのせる。

※しっかりと絞らないと、成形したあとにシロップがしみ出てしまう。

4

**3**に刷毛でキルシュをたっぷりと打つ。

5

クレーム・パティシエールを口径7mmの丸口金を付けた絞り袋に入れ、**4**の重ねてあった生地4枚のうち下3枚の生地の上面に、縁から約1cmあけて外側から中心に向かって渦巻き状に絞る。

6

**5** の上にそれぞれラム酒漬けのフリュイ・コンフィ・ミックスを平たくのせる。

7

**6** の上にそれぞれクレーム・パティシエールを少量絞り、小さいパレットナイフでざっと平らに塗り広げる。

8

**7** をいちばん下の大きい生地から順に重ね、上に **5** で残しておいた上部の生地をのせる。手で側面を軽く押さえて形をととのえる。

9

**8** の側面と上面に、順にムラング・イタリエンヌをパレットナイフでたっぷり付けて、厚めに塗る。

10

余分なムラング・イタリエンヌを取り除きながら、全体が縦長のドーム形になるようにパレットナイフでととのえる。

11

口径 6mm の丸口金を付けた絞り袋にムラング・イタリエンヌを入れ、**10** の表面に十字に絞る。その間にしずく形のループを 4 つ絞る。

12

てっぺんの十字の線の上に、半分に切ったドレンチェリーを飾る。アーモンドスライスを4枚、上面のドレンチェリーのまわりに斜めにさして花のように飾り、側面のドレンチェリーの両脇にも飾る。

13

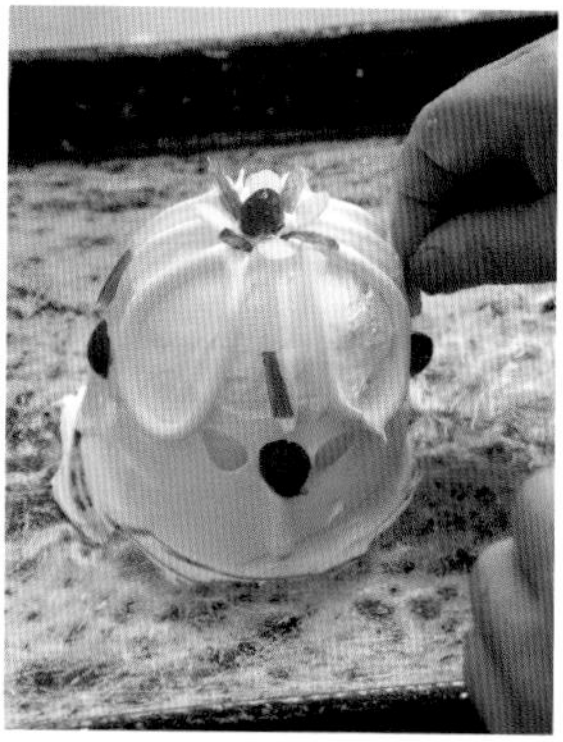

約3 × 0.7cmに細く切ったアンゼリカをてっぺんのアーモンドスライスの間に4切れさし、側面の十字の線上にも飾る。

14

表面に粉糖をたっぷりとふって、上火・下火ともに230℃のオーブンで表面が色付くまで約8分焼成する。ドレンチェリーとアンゼリカに、ボーメ30度のシロップを塗り、焼成によって糖化した部分を溶かし、つやを出す。

# Cannelé

カヌレ

# 大きな迷いのなかで出合った郷土菓子。カヌレの衝撃が僕のパティシエ人生を変えた

１９６８年、リブルヌ（フランス南西部ジロンド県の町）でのカヌレとの出合い。それは僕のパティシエ人生において、雷に打たれたように衝撃的な、いちばん心に残る出来事でした。

　当時の僕は、その年に起きた五月革命の煽りを受けて、やっとの思いで得た菓子屋での職を失い、旧態依然として代わり映えのしないパリの菓子の状況にも幻滅してしまって、パリを離れていました。心もすっかりすさんでしまって、なけなしのお金で買った自転車で国道七号線をひた走って、マルセイユへ。それから少し北上して、ヴィエンヌ近くの農家でモモの収穫を住み込みで手伝い、ふたたびパリへ。でも、またすぐ逃げるようにしてサン＝テミリオンへ向かい、ワイン農家でブドウ収穫の仕事をしていました。菓子からも菓子屋からも目を背けて、約４ヵ月。毎日、体中が痛くなるまで畑で働いて、夜はほかの労働者と一緒にまかないを食べ、ワインを飲み、歌い踊り、肉体労働者としての日々に浸り切っていました。

　そんなある日、仕事が休みで何の気なしに隣町のリブルヌまで出かけたんです。そこに「パティスリー・ロペ」という菓子屋があって、「まあ、せっかくだから入ってみるか」と、扉を開けて真っ先に目に飛び込

Cannelé

んできたのが、山盛りにされたカヌレでした。菓子としてはあまりにも真っ黒焦げで、形も変わっていて、「なんだ、これは!?」と思いましたよ。でも、恐る恐るかじってみたら、表面はガリッとしているのに中はむっちりとやわらかくて、ヴァニラとラム酒の香りがふわっと広がって、おいしい。「こんな菓子もあるのか!」と、驚きました。パリですっかり見飽きてしまった、バタークリームとジェノワーズの菓子とも、シューやタルトともまったく違う、自分が目にしたことも食べたこともない菓子。「なんだ、フランス菓子の世界にはまだまだ自分が知るべきことがたくさんあるじゃないか!」と、頭を殴られたみたいなショックを受けましたよ。そうしたら、それまで悶々と抱え込んでいた迷いなんか一気に吹き飛んで、「もう一度パリに戻って菓子をやろう」と。カヌレが取り戻させてくれた菓子への情熱と、新たに知った郷土菓子の面白さに突き動かされたからこそ、僕は今日まで自分なりの菓子の道を追い求め、歩んでくることができたんです。

## 情報を得られないまま数十年。カヌレ完成への道は長かった

でも、カヌレについて知ろうとすることは本当に難しくて。当時、カヌレのような郷土菓子は、その土地でのみ知られる、いわば門外不出の存在。今だったらインターネットですぐに情報が得られるけれど、昔はそうじゃない。フランス人に聞いても知らないし、本を調べても蜜蝋を

外はガリッ、中はむっちりとした食感のコントラストも魅力。ヴァニラビーンズを加えて熱したあと、ひと晩おいた牛乳に卵を合わせ、小麦粉や焦がしバター、ラム酒を混ぜてさらにひと晩おき、バターとハチミツを塗ったカヌレ型に流してしっかり焼き上げる。型は洗わず、毎回布できれいにふいて掃除。店では、銀のトレーに山盛りにして販売している。

使うことくらいしか書いていなくて、全然わかりませんでした。パリからずいぶんパティスリー・ロペにも通ったけれど、素材や製法はおろか型すら結局教えてもらえなくて、得られた情報はゼロ。ずいぶん無駄にお金を使いましたよ。

光が見えてきたのは、それから数十年後。ピエール・エルメがカヌレをつくりはじめて、パリの道具屋でも型を売るようになったんです。僕はパリへ行って、もう喜び勇んで型を手に入れて、すぐに試作を始めました。ルセットははっきりわからなくても、卵や牛乳、粉、ヴァニラ、ラム酒を混ぜ合わせた生地が、窯の中で煮えくり返って粥状に焼けていくさまは、頭の中にイメージとしてありましたから。けれど、はじめは失敗ばかりで、型に生地がべったり焼き付いて剥がれなくて、そのたびに苛性ソーダで洗って、何度も油を塗ってはオーブンで空焼きして、また試作して、の繰り返し。それでもどうしてもつくりたかったから、あきらめるなんて考えもしませんでした。初めてうまくいった時は、そりゃあ、うれしかったですよ。

カヌレに限らず、郷土菓子というものははっきりとしたルセットが残されていないことも多いから、自分の頭で考えなくてはいけない部分が多くなります。当然、試行錯誤の連続になるけれど、そのぶん、つくり上げていく喜びや、でき上がった時の感激は大きい。それぞれの菓子が守り継がれてきた土地の香りを探り、育んできた人々の生活や文化に思いを馳せれば、想像はどこまでも広がっていきます。そういう楽しさから、僕はずっと離れられずにいるのでしょうね。

# Cannelé

カヌレ

[ 材料 ]

口径 5.5 ×高さ 5cm のカヌレ型・25 個分

アパレイユ *appareil*

低温殺菌牛乳 *lait pasteurisé* 1000g

ヴァニラビーンズ *[1] *gousse de vanille* 1 本

卵黄 *jaunes d'œufs* 4 個分

全卵 *œuf entier* 1 個

薄力粉 *farine ordinaire* 140g

強力粉 *farine de gruau* 110g

グラニュー糖 *sucre semoule* 500g

ラム酒 *rhum* 90g

焦がしバター *[2] *beurre noisette* 50g

＊ 1 縦に割いて種を取り出す。サヤも使う。
＊ 2 鍋にバターを適当な大きさに切って入れ、中火にかけて泡立て器で混ぜながら焦がし、茶褐色に色付いたら火から下ろす。これを漉して熱いうちに使用する。

バター（ポマード状にする） *beurre* 適量 Q.S.

ハチミツ（百花蜜） *miel* 適量 Q.S.

## アパレイユをつくる

1

鍋に牛乳とヴァニラビーンズのサヤと種を入れ、火にかけて沸騰させる。

2

ボウルに移し入れ、ラップフィルムをかけて冷蔵庫に1晩置く。

3

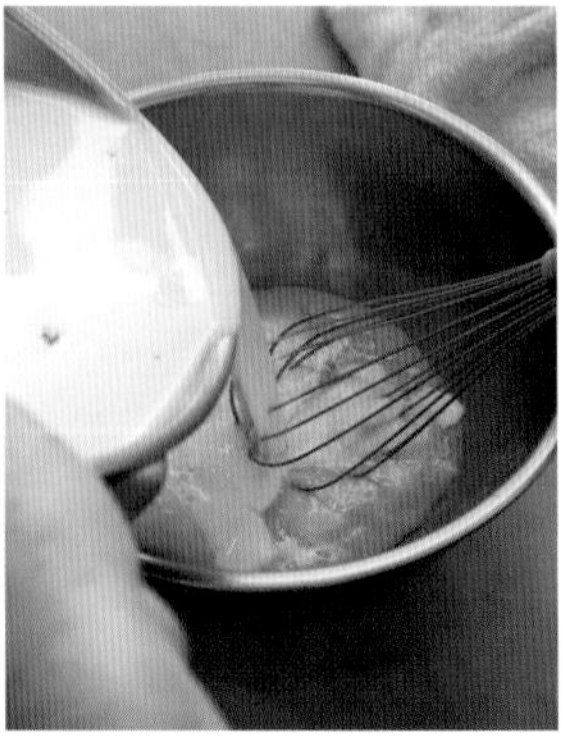

ボウルに卵黄と全卵を入れて泡立て器で溶きほぐす。**2**を少量加え混ぜてから、残りの**2**を混ぜる。

4

別のボウルに薄力粉、強力粉、グラニュー糖を入れて泡立て器でよく混ぜる。

5

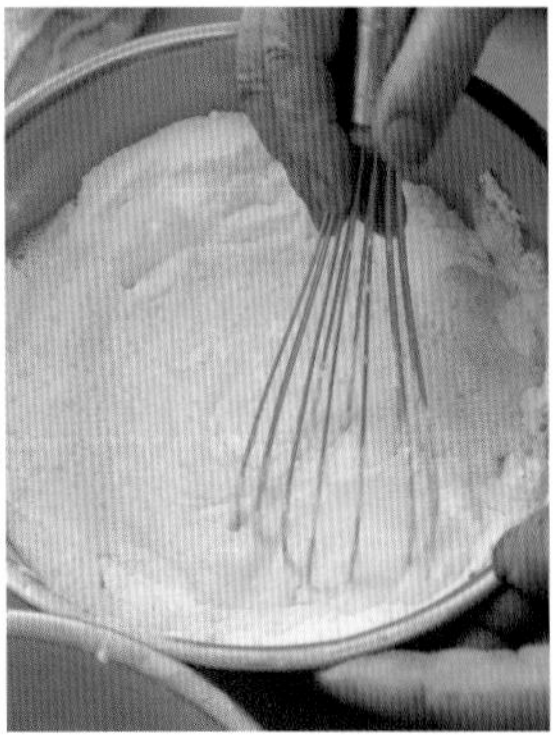

**4**の中央に窪みをつくり、**3**を3分の1量程度注ぎ入れて、中心から徐々に周囲へと広げながら泡立て器で混ぜる。残りの**3**を加え混ぜる。

6

ラム酒と熱めの焦がしバターを順に加え、そのつどよく混ぜる。

# 焼成・仕上げ

3

＜アパレイユ＞**8**のヴァニラビーンズのサヤを取り除き、泡立て器でムラがないようによく混ぜる。網で漉しながら別のボウルに入れる。

1

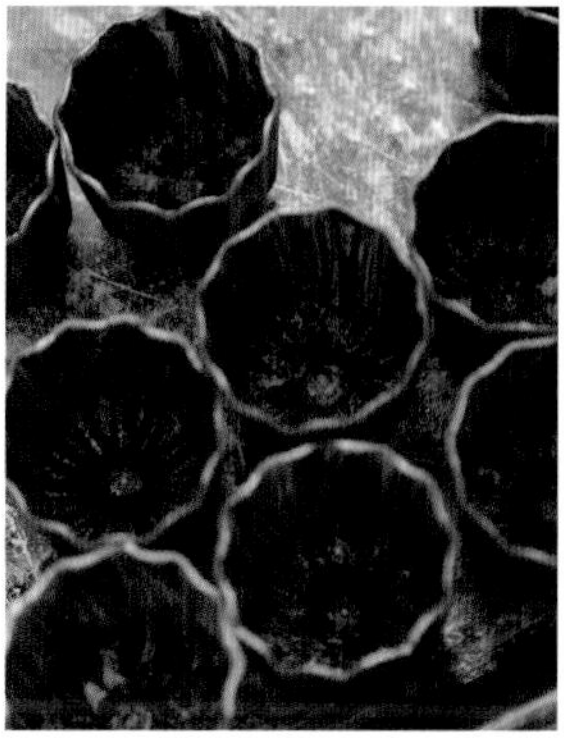

ポマード状のバターを刷毛で型に薄く塗る。

※バターの塗り残しがないように注意する。

7

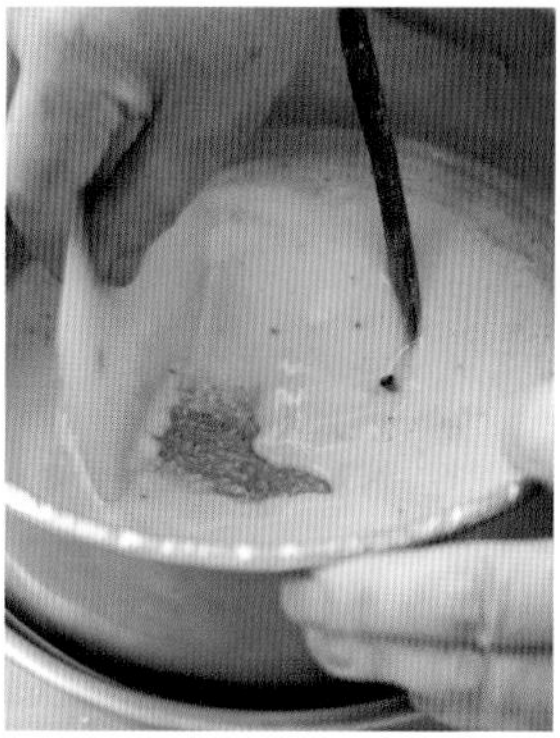

**6**を細かいメッシュの網で漉しながら、別のボウルに入れる。網に残ったヴァニラビーンズの種をゴムベラでしごいて加え、サヤも加える。

4

注ぎ口が付いた計量カップに**3**を入れ、**2**の型の高さ8～9分目まで流し入れる。

2

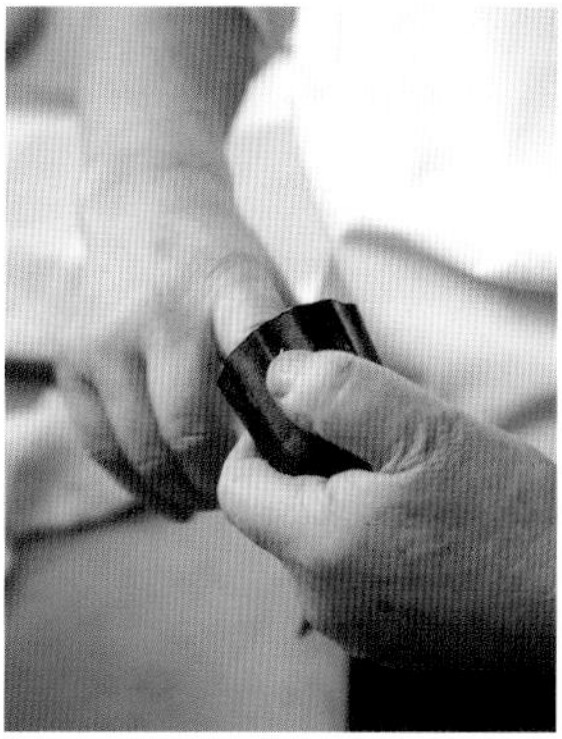

ハチミツを指で型に薄く塗り、天板に並べる。

8

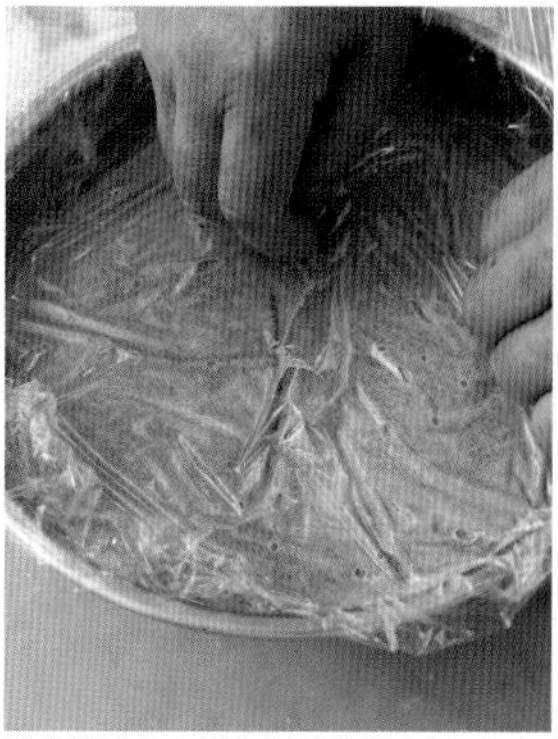

ラップフィルムをかけて密着させ、冷蔵庫に1晩置く。

5

上火・下火ともに230℃のオーブンで30分焼成する。天板の前後を入れ替え、上火210℃・下火250℃でさらに約30分焼成する。

6

焼き上がったらすぐに型を裏返し、ポンッと作業台に打ちつけて型をはずす。平らな面を下にして網にのせ、室温で冷ます。

# Saint-Honoré

サントノーレ

# 当時の重厚な生菓子とは一線を画す軽やかな味わいに驚きを覚える

僕がサントノーレを初めてつくったのは、パリの「ポンス」で働いていた時（１９６９〜71年）。リュクサンブール公園の前に店があって、気候のよい時期はテラス席を出していました。2階のサロン・ド・テも雰囲気がよくて、洗練された菓子が並ぶ人気店でした。

サントノーレは、1週間のなかでもっとも店がにぎわう日曜日だけ販売していました。10時過ぎには教会でミサを終えた人たちが店に押し寄せるので、それまでにすべての菓子をつくり終えなくてはいけなくて、厨房は夜明け前から戦場です。平日は6時頃から仕事を始めるところ、日曜日は2時や3時からスタートしても間に合わないくらい。なかでもサントノーレは、できたてのクレーム・パティシエールとムラング・イタリエンヌを混ぜ合わせた、ふわっと軽やかなクレーム・シブーストをまだ温かいうちに絞るので、つくり置きができません。10時にタイミングを合わせて一気に仕上げられるよう、とても気を遣いました。

思い返せば、当時のパリのパティスリーに並んでいた生菓子は、ほとんどがバターたっぷりのクレーム・オ・ブールとジェノワーズを組み合わせたものでした。ほかにはタルトとシューくらい。砂糖の甘さといい、クリームの濃厚さといい、僕にはどれも重たくて重たくて。クラ

Saint-Honoré

シックなままでちっとも変わらない菓子に、正直、辟易していたんです。でも、ポンスで初めて食べたサントノーレは、そうした重たい菓子とは違っていて、ずいぶん軽いな、と思いました。さっそく本で調べてみると、パリのサン＝トノーレ通りに店を開いたシブーストという職人が考案したとか、菓子屋とパン屋の守護聖人であるサン＝トノーレから名付けられたとか、いわれもいろいろあって興味を引かれて。古い菓子でもこういうものもあるんだな、と思ったのを覚えています。

## クレーム・シブーストの<br>ふんわりとした食感が決め手

サントノーレは、キャラメリゼしたシューのパリパリとした食感も好きですが、いちばんのおいしさは、やはりクレーム・シブーストだと思います。まだちょこっと温かさが残っているできたてを味わえば、なおおいしい。ポイントは、つくりたての温かいクレーム・パティシエールに、温かいムラング・イタリエンヌをさっくりと混ぜ合わせ、できるだけ気泡をつぶさないことです。強くて安定した気泡をつくるため、ムラング・イタリエンヌに加えるシロップは、１２２℃になるまで煮詰めます。固めのムラング・イタリエンヌに仕上げないと、気泡がすぐにつぶれて、クレーム・シブーストにして絞った時にダレてストンと沈んでしまうんです。さらに保形性を高めるため、ゼラチンもちょこっと。そういえば、フランスへ渡って初めてゼラチンを使った菓子もサントノー

クレーム・シブーストをたっぷりと絞るのが伝統的なスタイル。円形のパータ・フォンセの縁にパータ・シューを1周絞って焼き、その縁に上面をアメがけしたクレーム・パティシエール入りのプティ・シューを並べる。その内側に、少量のゼラチンで保形性を高めた、ふんわりとした口あたりのクレーム・シブーストをこんもりと盛る。

レでした。トレトゥールでは使ったことはありましたけれど、ムースがたくさん出てくる以前の時代でしたから、菓子では使ったことがなくて。そういう意味でも、思い出深いアントルメの一つです。

　サントノーレというと、今ではクレーム・シブーストの代わりにクレーム・シャンティイを絞る人が圧倒的に多いですよね。それはそれで、なかなか洒落ているなとは思います。でも僕はやっぱり、この菓子は絶対クレーム・シブーストでなければばって思うんです。そもそも、クレーム・シブーストを主役として生まれた菓子ですからね。そうした根幹の部分を守るのが、考案した人に対する礼儀であり、伝統や歴史というものに敬意を払うことだと、僕は思ってしまうんで。

　けっして僕は、「アレンジしてはいけない」と言っているわけではありません。自分の感性や発想は、どんどん表現したほうがいいに決まっています。ただ、伝統菓子にアレンジを加えるのであれば、その名前をそのまま使うのではなく、「自分でもっと面白い名前を新たに付ければいいんじゃないの？」って、思うだけ。パティシエという、フランスの食文化の一端を担う伝統ある仕事に就いたからには、昔の人たちがつくり上げたもの、時代を超えて受け継がれてきたものはちゃんと守るべきだし、守っていきたい。それが、変わらない僕の思いです。

# Saint-Honoré

サントノーレ

［ 材料 ］

直径 18cm・1 台分

パータ・フォンセ（→「基本」p165）
*pâte à foncer*　約 170 〜 200g

パータ・シュー（→「基本」p164）
*pâte à choux*　約 190g

クレーム・パティシエール（→「基本」p162）
*crème pâtissière*　約 90g

カラメル　*caramel*
- グラニュー糖　*sucre semoule*　200g
- 水アメ　*glucose*　4g
- 水　*eau*　24g

クレーム・シブースト　*crème chiboust*
- 牛乳　*lait*　130g
- ヴァニラビーンズ *1　*gousse de vanille*　1/4 本
- 卵黄　*jaunes d'œufs*　2.5 個分
- グラニュー糖　*sucre semoule*　30g
- 強力粉　*farine de gruau*　15g
- 板ゼラチン　*gélatine en feuilles*　3g（1.5 枚）
- ムラング・イタリエンヌ *2（→「基本」p169）*meringue italienne*　225g

＊1 縦に割いて種を出す。サヤも使う。
＊2 つくりたての温かい状態で使う。

ドリュール（全卵）
*dorure (œufs entiers)*　適量 Q.S.

## 組立て1・焼成

1

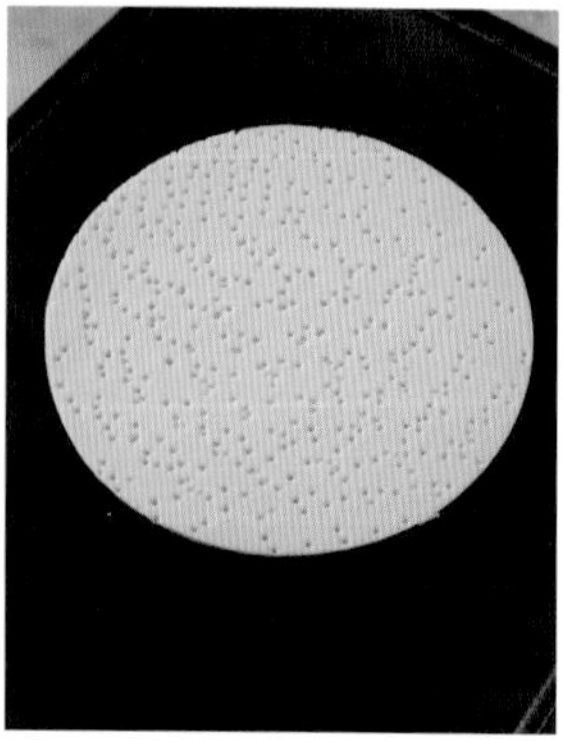

パータ・フォンセに適宜打ち粉をふって、シーターで厚さ2.5mmにのばす。ピケして、冷凍庫に20～30分置く。直径18cmのヴォロヴァンに沿ってナイフで円形にカットする（約170gになる）。ラップフィルムで包んで冷蔵庫に半日～1日置く。

※焼成時に形がゆがまないようにするため、冷蔵庫で休ませてグルテンの働きを弱める。

2

フッ素樹脂加工の天板に**1**をのせ、刷毛でドリュールを塗る。

3

パータ・シューを温かいうちに口径9mmの丸口金を付けた絞り袋に入れ、**2**の縁に口金から垂らすようにしてぐるりと1周絞る。

4

中心から外側に向かって間隔をあけながら渦巻き状に絞る。

5

絞ったパータ・シューの上に刷毛でドリュールを塗る。

6

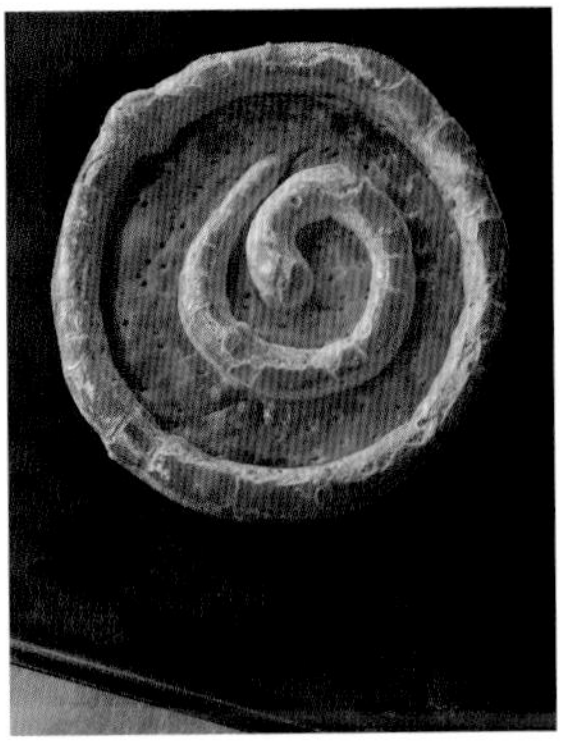

上火・下火ともに200℃のオーブンで約17分焼成したのち、上火・下火ともに180℃にして約19分焼成する。焼き上がったら網にのせて室温で冷ます。

7

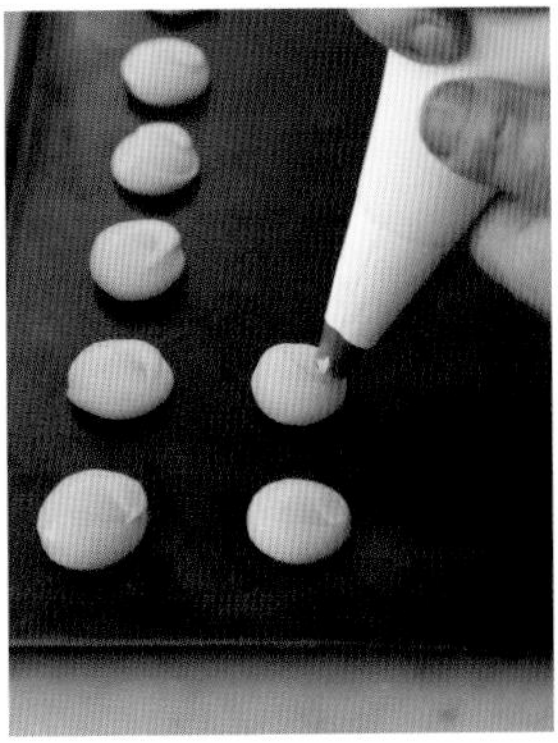

別のフッ素樹脂加工の天板に、**3**の残りのパータ・シューを直径約3cmの円形に約12個絞る。

※予備として、少し多めに絞っておく。

8

**7**に刷毛でドリュールを塗り、フォークで表面を押さえて格子状の跡をつける。

9

上火・下火ともに200℃のオーブンで約15分焼成したのち、上火・下火ともに180℃にして約23分焼成する。焼き上がったら網にのせて室温で冷ます。

10

**9**の底にコルネ型の先端で穴をあける。

11

ボウルにクレーム・パティシエールを入れ、ヘラでなめらかになるまで混ぜる。口径5mmの丸口金を付けた絞り袋に入れ、**10**の中に少量ずつ絞り入れる。

※少量でOK。たっぷり絞ると、カラメルがクリームの水分を吸って溶けてしまう。

## クレーム・シブーストをつくる

1

銅鍋に牛乳、ヴァニラビーンズのサヤと種を入れて弱火にかけ、沸騰させる。

2

ボウルに卵黄とグラニュー糖を入れ、泡立て器で白っぽくなるまですり混ぜる。ふるった強力粉を加え、粉けがなくなるまで混ぜる。

## 組立て 2

1

＜組立て 1・焼成＞ **11** のプティ・シューの焼き面をカラメルに軽く浸し、そのままカラメルを付けた面が下になるように天板に置いてカラメルを固める。

2

**1** の上下を返してカラメルを付けた面を上にして持ち、底をわずかにカラメルに浸して、＜組立て 1・焼成＞の **6** の外周のパータ・シューの上に並べて貼り付ける。

## カラメルをつくる

1

銅鍋にグラニュー糖、水アメ、水を入れて強火にかけ、泡立て器で混ぜながら加熱する。濃い茶色になったら火を止め、混ぜながら余熱でさらに焦がす。

## 仕上げ

1

＜組立て２＞の**2**の中央にクレーム・シブーストをカードでこんもりと盛り、パレットナイフでなだらかな山形にととのえる。

2

残りのクレーム・シブーストをサントノーレ口金を付けた絞り袋に入れ、**1**の上に矢羽状に絞る。

3

**2**に**1**の３分の１量を入れ、よく混ぜる。

※この間も**1**の銅鍋は弱火にかけたままにしておく。

4

**3**を**1**の銅鍋に戻し入れて混ぜ、強火にして泡立て器で混ぜながら沸騰させる。コシが切れて混ぜる手の感触が軽くなってきたら火を止める。

※コシがしっかりと切れて、泡立て器ですくうとスーッと流れ落ちる状態になる。

5

水でもどした板ゼラチンを加え、泡立て器で混ぜ溶かす。大きなボウルに移し、ヴァニラビーンズのサヤを取り除き、泡立て器でザッと混ぜて粗熱をとる。

6

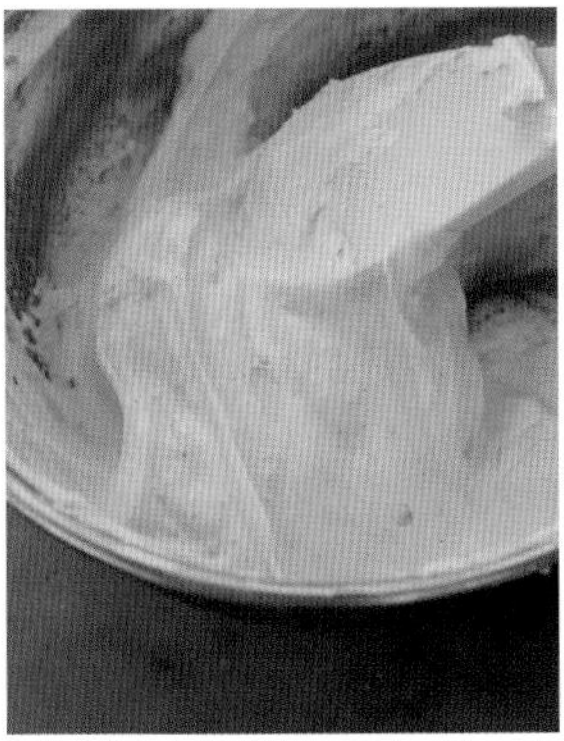

すぐにムラング・イタリエンヌを３分の１量加え、よく混ぜる。残りを加え、カードで底から返すようにしてさっくりと混ぜる。

※温かいうちにムラング・イタリエンヌを混ぜないとべったり重い質感になる。気泡がつぶれすぎないように、混ざり切る直前で止める。

# 菓子職人の道へ。そして渡仏

1

1）料理人からパティシエに転身し、「米津凮月堂」に入社。当時は仕事の時もビーチサンダルを履いていた。2）中央が河田さん。いちばん手前にいる勅使河原さんは、人望もあって、仕事もできる人だった。

2

3

4

3）1967年に渡仏。最初の修業先である「シダ」の入社初日。オーナーと店の前で。フランス人のなかでの仕事に緊張していた。4）シダでいちばん仕事ができたアントルメチエのミシェルと。当時、ミシェルは、河田さんより少し年上の25歳くらい。仕事後は一緒にカフェに行ったり、夕飯を食べに家に行ったりした。

6

5

5・6）シダの入社初日の厨房にて。昼時だったため、各セクションのシェフがいっせいに昼食をとっており、全員がワインを飲んでいたことに驚かされた。いちばん右のスペイン人シェフが滞在先のホテルを手配してくれた。

## Column

7）昼食時に本を読む河田さん。シダは大型店で7階まであり、その規模の大きさに驚いた。
8）1968年の五月革命で失職し、自転車で南フランスのマルセイユへ。パリに戻る途中に住み込みでモモの収穫の仕事をした。写真は、モモ農家の家族と。パリに戻ったあと、お礼を言いに訪れた時に撮影。

7

8

# Confiserie

コンフィズリー

Confiserie

# 魅力的だったコンフィズリーの世界。そこにはパティシエの仕事の根源があった

パリに渡った翌年（1968年）の五月革命で職を失った僕は、放浪の旅に出ました。モモやワイン用のブドウの収穫を手伝ってなんとか食いつなぎ、パリへ完全に戻ったのは約半年後。それでもまだ、菓子屋の世界へ戻るには一歩踏み切れず、ささやかな抵抗として選んだのがコンフィズリーの仕事でした。

今ではすっかり少なくなりましたけれど、当時のパリにはコンフィズリーやドラジェの専門店が何軒もあったんです。ショーウインドーには、フリュイ・コンフィやドラジェでつくったブーケが飾られていて、そのまわりにはパート・ド・フリュイやボンボン・ショコラも並べられていて、とってもきれいでね。旧態依然としてちっとも代わり映えしない当時のパティスリーに比べて、ずっと魅力的に感じられました。

働いたのは、パリに5〜6店舗あった「サラバン」の工場です。引きアメは長さ5mくらいのアームが付いた機械でどんどんのばしていましたし、プラリネは大きなドラム付きの機械で大量につくっていました。フォンダンはぐるぐる回転する2mくらいのシリンダーにシロップを流し入れると、反対側からでき上がった状態で出てくる仕組み。コンフィズリーを乾燥させるために室温を高く保った部屋もあって、初めて知る

ことばかりで面白かったです。でも、機械を使った作業ばかりが続くと、やはり菓子屋の手仕事が恋しくなってしまって、半年ほどで辞めてしまいました。

あとになって、「あの時もっといろいろメモしておけばよかった！」って、悔やみましたよ。コンフィズリーは、菓子屋の仕事の一つであるとともに、糖を扱うというパティシエの仕事の根源でもあって、それを知ることはとても重要で意味のあること。コンフィズリー専門店でなければ学べないことがたくさんあったのに、当時の僕はその大切さに気づいていなかったんですよね。

## 甘いだけではダメ。素材の風味を表現するのがコンフィズリーの技術

コンフィズリーは糖度が高くて日持ちするぶん、確かに甘みが強いです。ただ、そのなかでも甘さばかりを感じさせない味の出し方がある。それがコンフィズリーにおける糖を扱う技術であり、職人の腕だと思います。フォンダンだって、人の手で30分くらい練って仕上げたものを食べたら、「なんでこんなに甘くないの？」って、みんな絶対言いますよ。工業製品のベタッとした甘さとは違って、甘みがピュアでまろやかなんです。フリュイ・コンフィやパート・ド・フリュイだって、果実と糖をバランスよくきちんと混ぜ合わせれば、果実味やフレッシュ感をちゃんと出せます。口に入れた時、素材の旨さより歯にしみるような甘さを感

店頭に並ぶコンフィズリーは多種。「プリュノー・フレ」は、セミドライのプルーンにアプリコットとリンゴのコンフィチュールを詰めた。「ベルランゴ」は、フランボワーズやイチジクなどのコンフィチュールやハチミツを引きアメで包む。「ベルガモット・ド・ナンシー」は、ベルガモット風味の流しアメ。「カリソン・デックス」は、アーモンドやショウガのコンフィ、砂糖を混ぜてペースト状にし、グラス・ロワイヤルを塗ったプロヴァンス地方の郷土菓子。

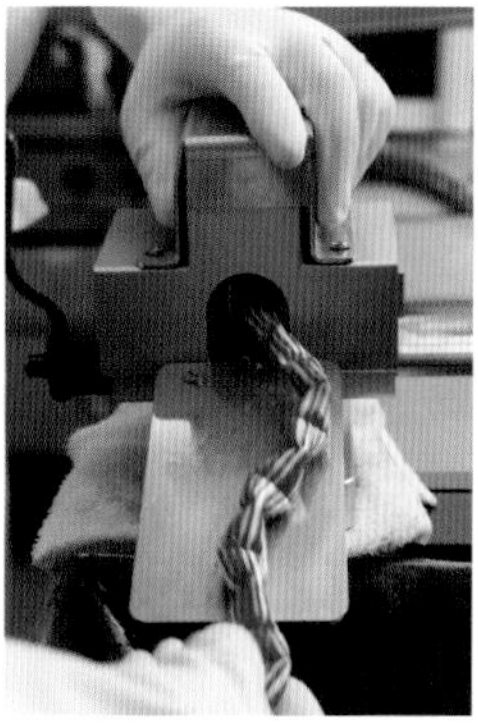

## Confiserie

じさせてしまったら、そのコンフィズリーは失敗なんじゃないかな、と僕は思うんです。

２００７年に僕は、厨房の一角に念願だったコンフィズリー専用の部屋をつくりました。アメの温度を一定に保てる作業台や真空窯を置いて、壁には引きアメをひっかけるためのフックも付けてね。室温25℃・湿度40％に保てる乾燥庫もしつらえました。工業製品とは違う、菓子屋ならではの知識や技術、発想を詰め込んだ、素材の味を感じる〝おいしい〟コンフィズリーを僕なりに表現したいと思って。糖の扱い次第で食感も表情も変わって、ごまかしが効かないのがコンフィズリーの面白さであって、コンフィやコンフィチュール、プラリネ、フォンダンなどを手づくりして組み合わせれば、味の表現はどんどん広がります。たとえば、ベルランゴ（縞模様がついた四面体のアメ）にコンフィチュールやパート・ド・フリュイをとじ込めて食感と味の変化を出したり、カリソンをいろんなフルーツのコンフィでつくって味のバリエーションを増やしたり。郷土菓子にもコンフィズリーは多いので、フランス各地で出合った味の記憶をたどりながら再現して、自分なりに質を高めていくのも楽しいところです。

今は甘いものがあまり好まれない時代になって、手づくりのコンフィズリーを売る専門店が少なくなってしまったのは、残念です。だからこそ、工業製品とは違うコンフィズリーのおいしさと楽しさを、もっと知ってほしい。そう願いつつ僕自身、楽しみながらつくっています。

# Berlingot

ベルランゴ

［ 材料 ］

### フランボワーズ　*framboise*

約1.5 × 1.5cm・約200個分

- グラニュー糖　*sucre semoule*　500g
- 水アメ　*glucose*　100g
- 水　*eau*　200g
- 赤の色素 *[1]　*colorant rouge*　適量 Q.S.
- クエン酸　*acide citrique*　4g
- コンフィチュール・フランボワーズ・ペパン *[2]（→「基本」p163）
  *confiture de framboise pépines*　100g

＊１少量のウォッカでのばす。
＊２湯煎にかけて人肌程度に温める。

### アブリコ　*abricot*

約1.5 × 1.5cm・約200個分

- グラニュー糖　*sucre semoule*　500g
- 水アメ　*glucose*　100g
- 水　*eau*　200g
- 赤の色素 *[1]　*colorant rouge*　適量 Q.S.
- 黄の色素 *[1]　*colorant jaune*　適量 Q.S.
- クエン酸　*acide citrique*　4g
- コンフィチュール・ダブリコ *[2]
  （→「基本」p163）　*confiture d'abricot*　100g

＊１それぞれ少量のウォッカでのばす。
＊２湯煎にかけて人肌程度に温める。

1

シロップをつくる。圧力鍋にグラニュー糖、水アメ、水を入れて強めの中火にかけ、約8分加熱する。沸騰してふた上部のつまみから湯気がシューシューと出てきたら、火を止める。つまみを指で押して傾けても蒸気が出なくなるまで、そのまま室温で冷ます。

※圧力鍋で炊いて時間をおくと砂糖と水がしっかりとなじみ、のびがよくなり、ベタベタしにくくなってつやも持続する。ただし、24時間以上経つと、べたついて、つやも悪くなる。

2

銅鍋に**1**を入れて火にかけ、163℃になるまで煮詰める。

3

保温作業台にシルパットを2枚敷き、1枚には**2**の4分の3量（A）を、もう1枚には**2**の残り4分の1量（B）を流す。Bには色素を加える。以下、AとBの作業は2人で手分けして同時進行で行う。

4

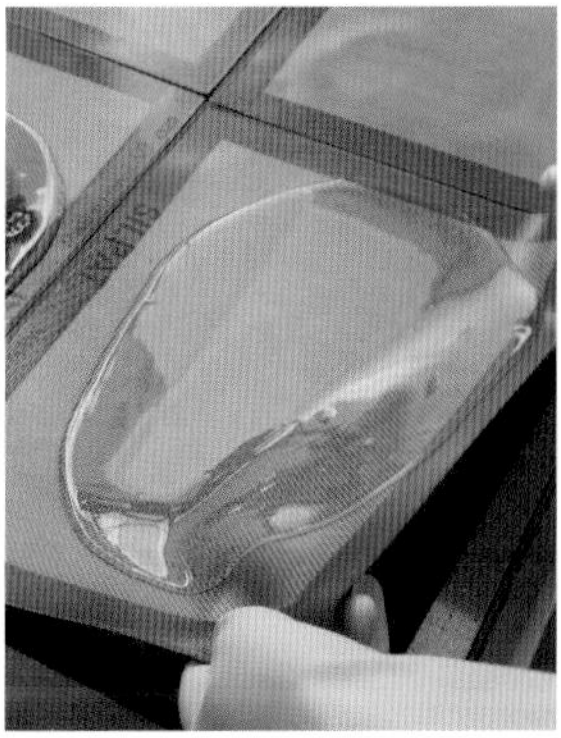

必要に応じて冷却作業台に少し置いて熱をとったり、保温作業台に戻したりしながら温度を調整する。

5

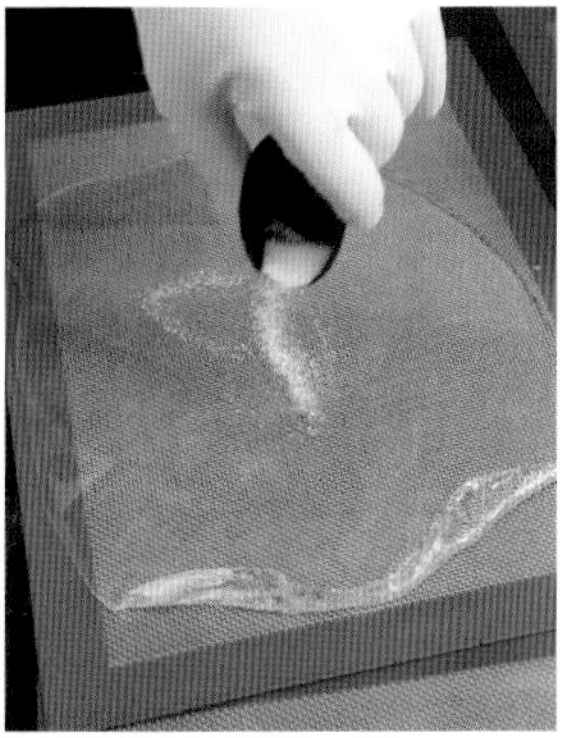

耐熱性のある手袋をして、AとBのそれぞれのアメの端がめくり上げられる（約100℃が目安）ようになったら、それぞれクエン酸を半量ずつ加える。

6

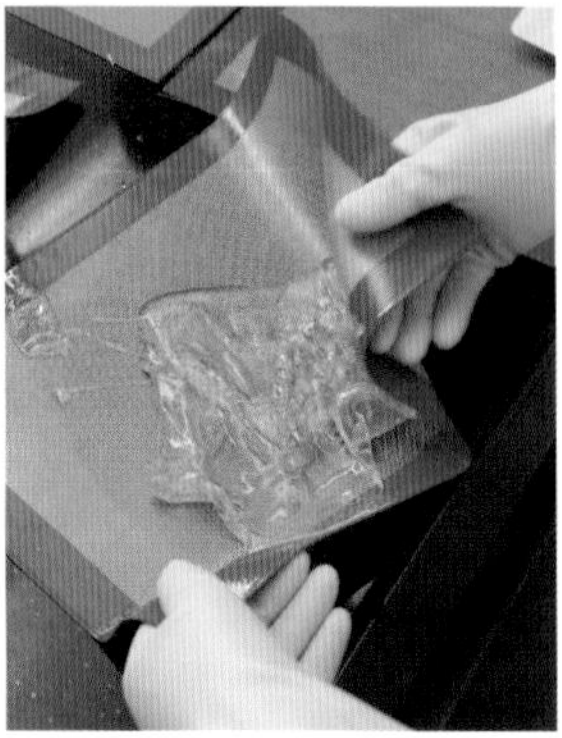

シルパットごとアメを持ち上げて折りたたむようにしてひとまとまりにしたのち、手で転がして棒状にする。途中、必要に応じて冷却作業台に少し置いて熱をとる。

7

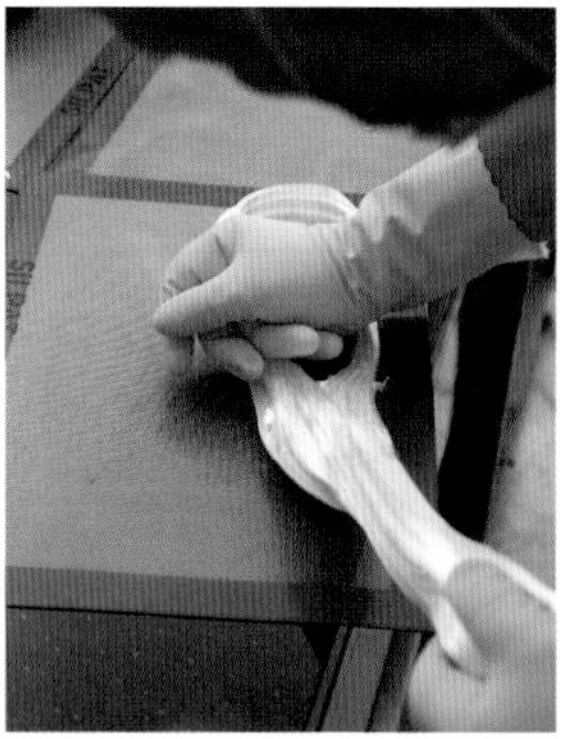

それぞれ何度か引いては折って重ね、メタリックな輝きが出るまで空気を含ませる。固くなりすぎるようであれば必要に応じて電子レンジで少し温め、形づくりやすい固さに調整する。

8

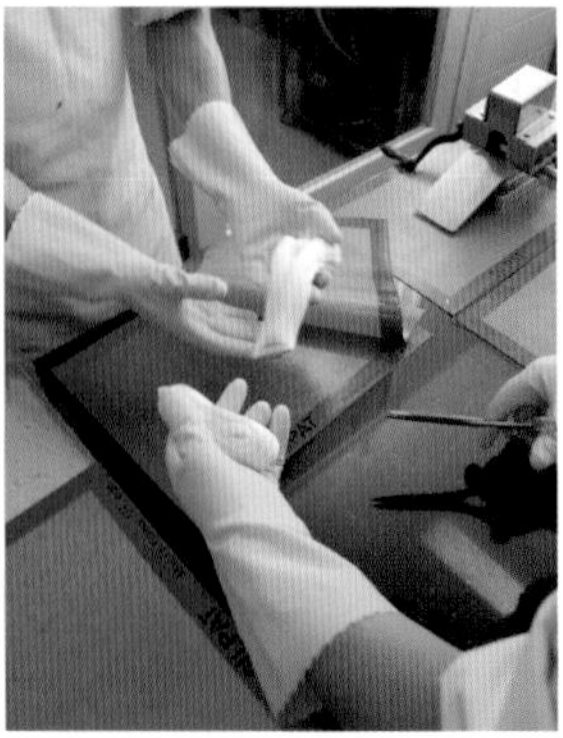

Aを4分の3量（A-a）と4分の1量（A-b）にハサミで切り分ける。

9

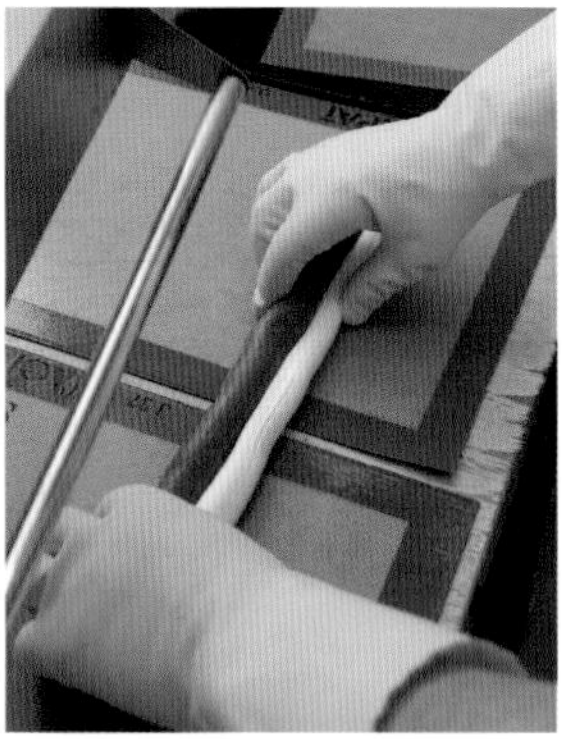

シルパットを敷いた保温作業台の上で、A-bとBを同じ長さの細い棒状にのばし、並べて接着する。両端を軽く引っ張ってのばし、指で押さえて平らにする。

10

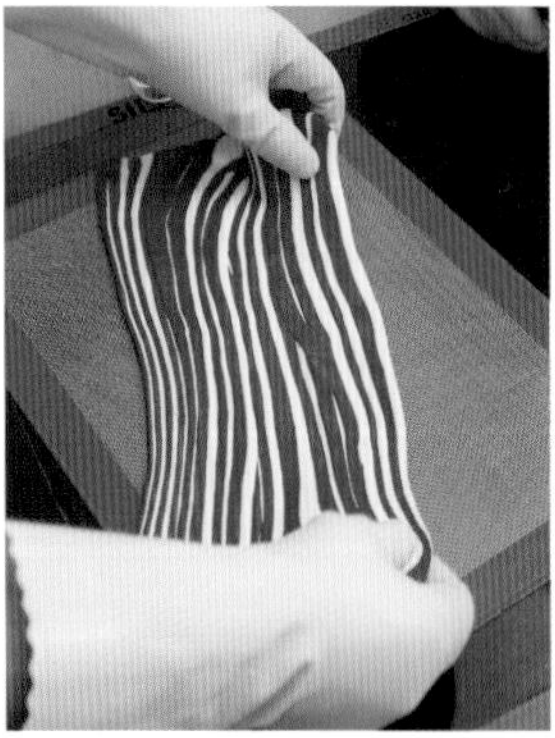

**9**を半分に切り、2本の長辺を並べて接着し、平らにして約30cmの長さにのばす。これを半分に切り、2本を並べて接着し、平らにして約30cmの長さにのばす。この作業をもう2回くり返す（32層になる）。約35 × 15cmの長方形にする。

11

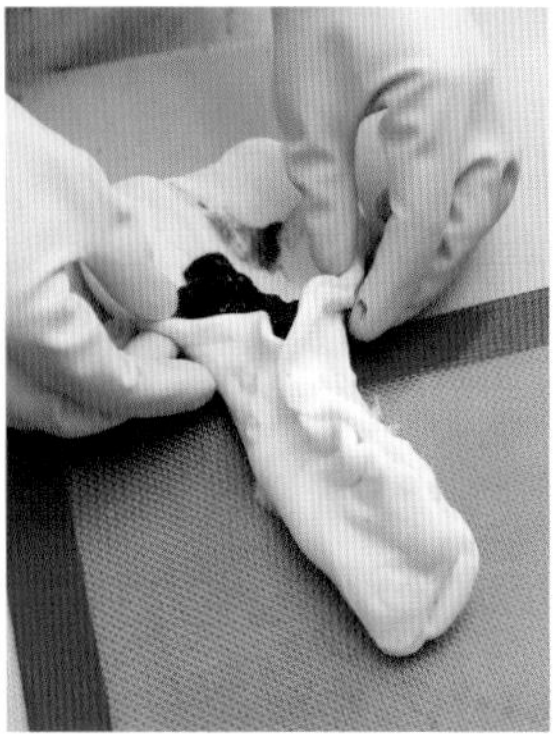

**9・10**と並行して、**8**のA-aをのばし、**10**よりひとまわり小さい長方形にする。縁を少し持ち上げ、人肌程度に温めたコンフィチュールを流す。コンフィチュールを包むようにして端を折り、しっかりと接着する。

12

シルパットの上で転がして棒状にととのえる。横長に置いて左右から3つ折りにし、シルパットの上で転がして約30cmの棒状にととのえる。

13

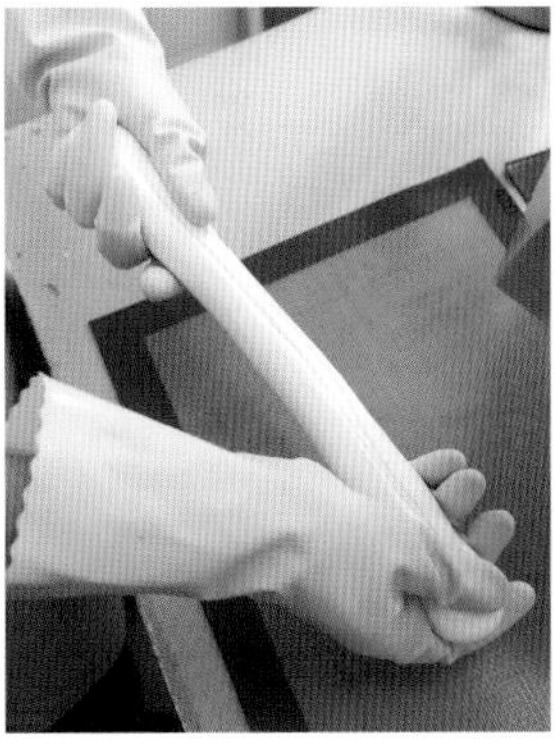

**12**を約3倍の長さに引いて3つ折りにし、長さ30cmほどの棒状にととのえる。

14

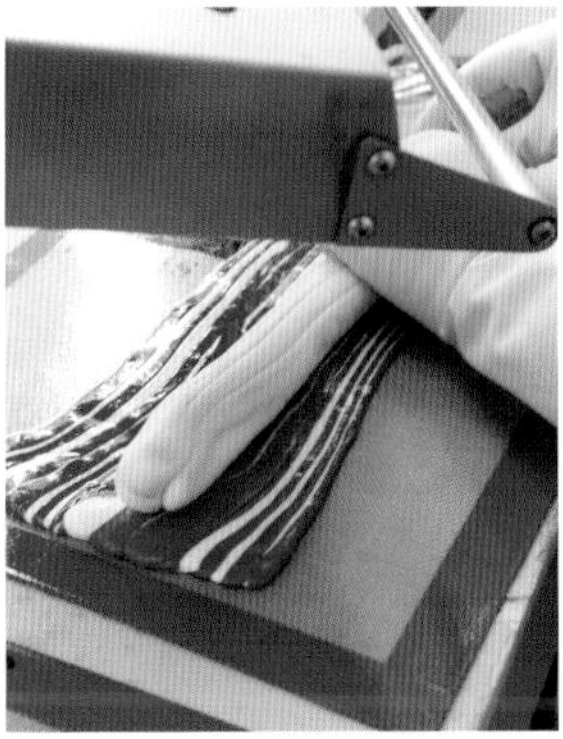

**10**に**13**をのせ、下に敷いたシルパットの手前の端を持って、シルパットごと奥に向かって巻く。

15

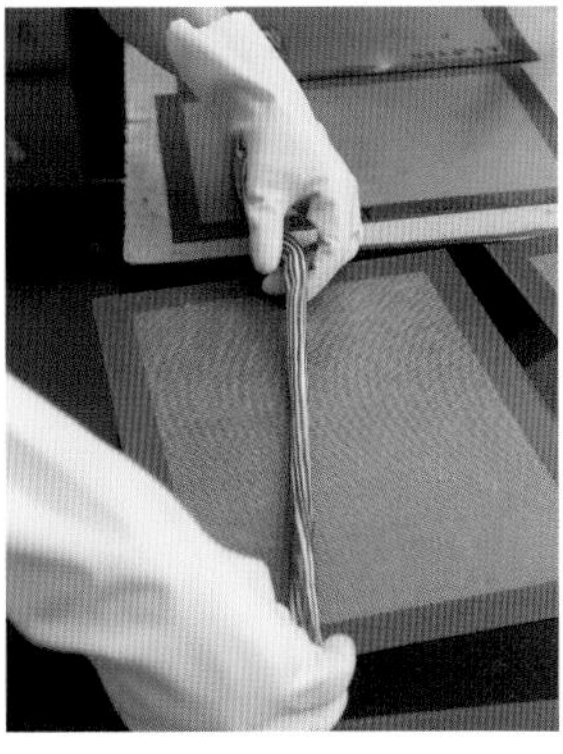

保温作業台に敷いたシルパットの上で転がし、両端をしっかりとじる。両手で持って均一な太さになるよう引き、直径約1.5cmの棒状にする。

16

マシン・ド・ベルランゴ（ベルランゴをカットするための専用の機械。なければハサミを使う）で、幅約1.5cmの正四面体に押し切る。冷却作業台にのせて冷ます。

※専用マシンでは、幅約1.5cmごとに押しつぶされ、切り離しやすい状態になる。

17

粗熱がとれて固まったら少し持ち上げて上から落とす。押しつぶされた部分が割れて切り離され、1粒ずつバラバラに分かれる。

# Pruneaux Fourrés

プリュノー・フレ

［ 材料 ］

32 個分

プルーンのコンフィ　*pruneaux confits*

水　*eau*　200g

グラニュー糖　*sucre semoule*　600g

セミドライプルーン（種抜き）
*pruneaux*　32 個

ガルニチュール　*garniture*

アンズの果肉（冷凍）*[1]
*pulpe d'abricot congelé*　250g

リンゴの果肉（冷凍）*[1]
*pulpe de pomme congelée*　125g

グラニュー糖 *[2]　*sucre semoule*　320g

ペクチン *[2]　*pectine*　5g

グラン マルニエ　*Grand-Marnier*　20g

＊1 それぞれ適当にきざむ。
＊2 混ぜ合わせる。

## ガルニチュールをつくる

1

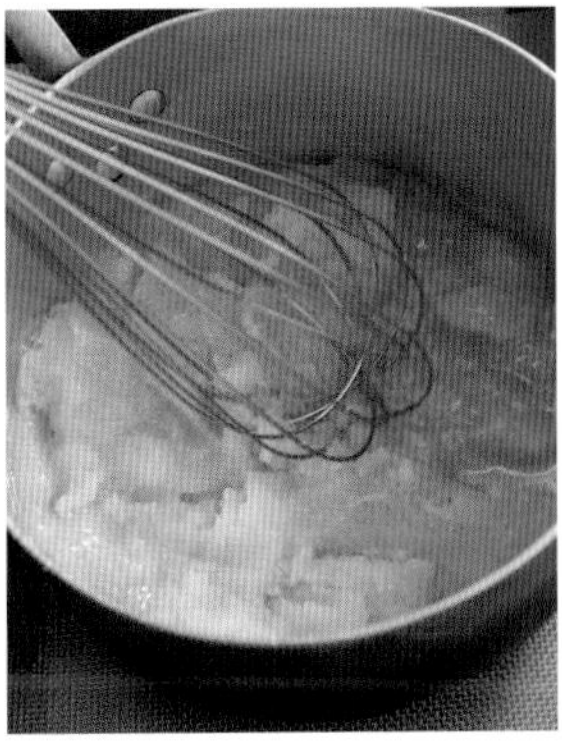

鍋にきざんだアンズとリンゴの果肉を入れて中火にかけ、泡立て器で混ぜる。

2

**1**に混ぜ合わせたグラニュー糖とペクチンを入れ、混ぜながら105℃になるまで加熱する。

## プルーンのコンフィをつくる

1

シロップをつくる。銅鍋に水とグラニュー糖を入れて火にかける。沸騰したら火を止める。

2

シロップが熱いうちにセミドライプルーンを入れる。

3

落としぶたをしてごく弱火にかけ、小さく沸いてセミドライプルーンがふっくらしてきたら火を止める。そのまま室温に置いて粗熱をとる。

4

ザルにあける。

## 組立て・仕上げ

1

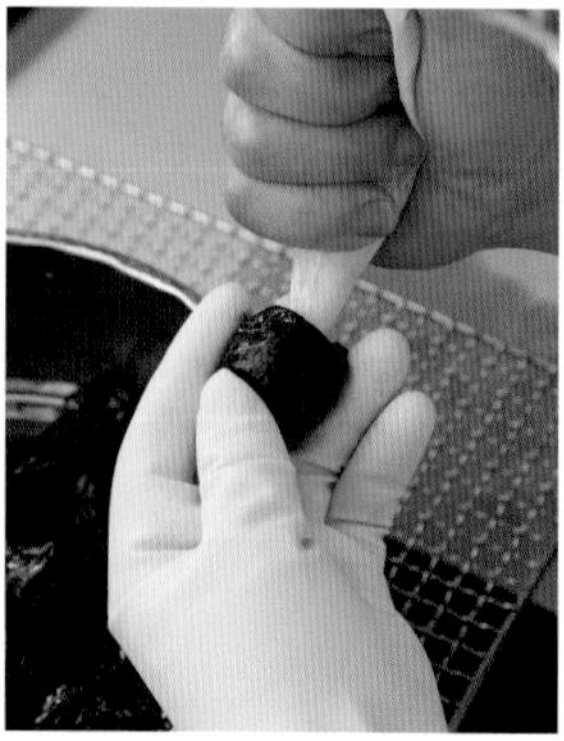

口径6mmの丸口金を付けた絞り袋にガルニチュールを入れ、プルーンのコンフィの種を抜いた穴に15gずつ絞り入れる。

3

グラン マルニエを加えて味をととのえる。

4

バットに移し入れ、ラップフィルムをかけて密着させ、室温で冷ます。

# Charlotte de Pommes
シャルロット・ド・ポム

## 2世紀を経ても変わらぬ魅力を放ち続ける 偉大な料理人の菓子に心を打たれる

シャルロットというとセルクル型にビスキュイ・ア・ラ・キュイエールをぐるっと貼り付けて、中にムースやフルーツを詰めて仕上げるものを思い浮かべる人が今は多いでしょう。その形をつくったのは、20世紀半ばに台頭した〝ヌーヴェル・パティスリー（新しい菓子）〟の先駆者である、ムッシュ・（ジャン・）ミエのシャルロット・オ・ポワールだったと思います。ちょうど僕がフランスで働いていた頃に登場して、軽やかで口あたりのいい最先端の味わいが人気を集めて、パリじゅうで大流行していたのを覚えています。ビスキュイのまわりに巻かれたリボンもお洒落でね。

でも、シャルロットは本来、セルクル型ではなくて、口の広がった底のある円筒形で取っ手が付いたシャルロット型を使ってつくります。その原形をつくって世に知らしめたのが、僕が尊敬し、憧れてやまない19世紀初頭の偉大な料理人、アントナン・カレームです。彼の著書『Le Pâtissier Royal Parisien（パリの宮廷菓子職人）』（1815年刊）には、シャルロットのレシピが9種類くらい書かれています。ビスキュイ・ア・ラ・キュイエールの器にババロワやムースを詰めた「シャルロット・ア・ラ・パリジェンヌ（パリ風シャルロット）」や、「シャルロット・リュ

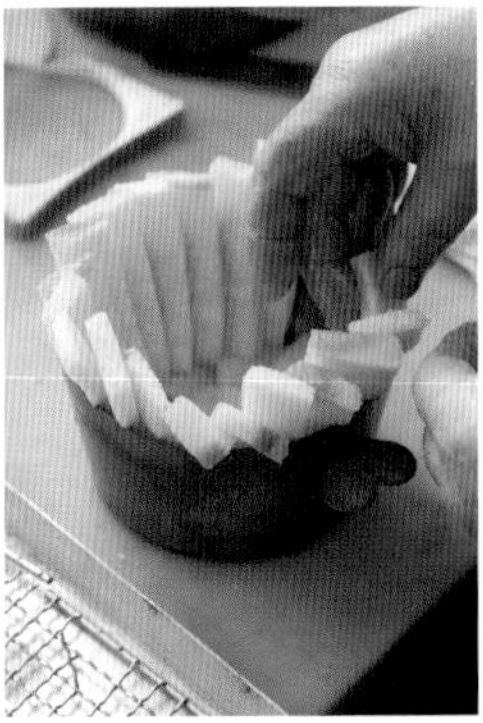

Charlotte de Pommes

ス（ロシア風シャルロット）」は、生菓子タイプ。これらのほかに、バターを塗った食パンを型に貼り付けて、リンゴのコンポートとレーズンを詰めて焼いた、「シャルロット・ド・ポム＝レイネット（レイネット種のリンゴのシャルロット）」のような焼き菓子タイプもあります。

２００年以上前の本なのに、書かれたとおりにつくると結構ちゃんとつくれちゃう。シャルロット・ド・ポム＝レイネットは、バターが香るカリッとしたパンと甘ずっぱいリンゴが混じり合って、とってもおいしいです。あの時代にこれだけの本を残して、今でもたくさんの人に読み継がれているカレームは、すごい。古くからあった料理や菓子を系統立てて、組み立て方や見た目を建築の観点から見つめて書かれていて、すごい。読んでいるとみなぎる彼のエネルギーを感じて、ワクワクしてしまうんです。

## カレームの本には菓子づくりのヒントがたくさん隠されている

僕がカレームの本を初めて買ったのは、渡仏してから6〜7年経った頃のことです。2〜3年ずっと探してはいたけれど、本当に貴重で人気があるのでなかなか売りに出なくて。値段も当時の僕の給料の4〜5カ月分くらいでしたけれど、どうしてもほしくて、あちこちの本屋に入荷したら連絡してほしいと声をかけておいたんです。その甲斐あって、時間はかかったけれど、カレームの本をフランスにいる間にすべて手に入

19世紀の料理人、アントナン・カレームの「シャルロット・ド・ポム＝レイネット」を再現。リンゴはレイネット種の代わりに紅玉を使用した。溶かしバターに浸した薄切りの食パンをシャルロット型に貼り付けてリンゴのコンポートを詰め、食パンでふたをしてオーブンで焼き上げる。カレンツレーズンとアプリコットのコンフィチュールを加えると、味わいにより奥行が出る。

れることができました。手にした時は、もう有頂天です。買った時は壊れてばらばらだったものも、古書専門の修理店できれいに直してもらって、仕事のあとや休みの日に夢中で読みふけりました。

忘れられないのは、カレームの本を初めて手に入れた頃、「ポテル・エ・シャボー」に勤めていた時に制作に携わった、カレームをテーマとしたバンケ（宴会）です。カレームの本から抜け出してきたかのような、滝のある風景や石畳を盛り込んだ大がかりなピエスモンテを、アメ細工やパスティヤージュを使ってみんなでつくりました。つくり方もカレームのやり方を踏襲してね。並べる菓子も、タルトレットやパイ菓子のヴォル・オ・ヴァン、プディングなど、カレームのルセットをそのまま再現。シャルロットがすごくお洒落で絵になっていたのを覚えています。今では本から想像するしかないカレームの世界を、自分も加わって現実に形づくるなんていうことは、あとにも先にもこの1回だけ。夢のような経験で感動しました。

今でも僕は、仕事を終えたあとや新しい菓子の発想を得たい時、カレームの本をはじめとした古い本を開きます。現代のレシピの本のように写真はないですし、図版もモノクロだけれど、「これ」とでき上がったものが示されていないぶん、想像が膨らみます。昔の本でありながら新しいヒントがたくさん隠されていて、パティシエとしての幅も広げてくれる。そうやって完成形を想像することが楽しいし、読むうちに僕なりの発想も膨らんでくるから、最後は両方を合わせてでき上がった菓子を頭の中で食べちゃってる。僕にとって安らぎの時間なんです。

# Charlotte de Pommes

シャルロット・ド・ポム

［ 材料 ］

口径 14（底直径 12）×高さ 8cm の
シャルロット型・1 台分

コンポート・ド・ポム　*compote de pommes*

　リンゴ（紅玉）　*pommes*　4 個（正味約 550g）

　グラニュー糖　*sucre semoule*　100g

　水　*eau*　200g

　※好みで、カレンツレーズン（*raisins de corinthe*）25g とコンフィチュール・ダブリコ（*confiture d'abricot*）50g を加えてもよい。

食パン（12 枚切り）　*pain de mie*　約 11 枚

バター　*burre*　約 200g

## コンポート・ド・ポムをつくる

1

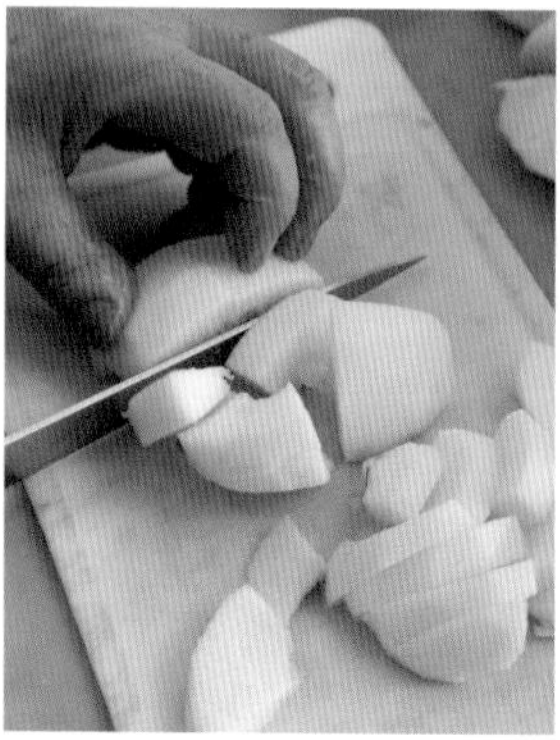

リンゴは皮をむいて縦半分に切り、芯とへたを取り除く。さらに縦半分に切り、厚さ約1cmのイチョウ切りにする。

2

鍋にグラニュー糖と水を入れて火にかけ、沸騰したら**1**を加える。穴をあけたアルミホイルで落としぶたをし、全体に火が通るまで弱火で煮る。網にあけて汁けを切る。

※カレンツレーズンを加える場合は、リンゴと一緒に煮る。煮上がったら汁けを切り、コンフィチュール・ダブリコを加え混ぜる。

## 組立て・焼成・仕上げ

1

食パン1枚は波刃包丁を十字に入れて4等分の四角形に切る。食パン6枚は波刃包丁で耳を切り落とし、縦4等分の短冊形に切る（1枚の大きさは9 × 2.5cmが目安。24枚できる）。

2

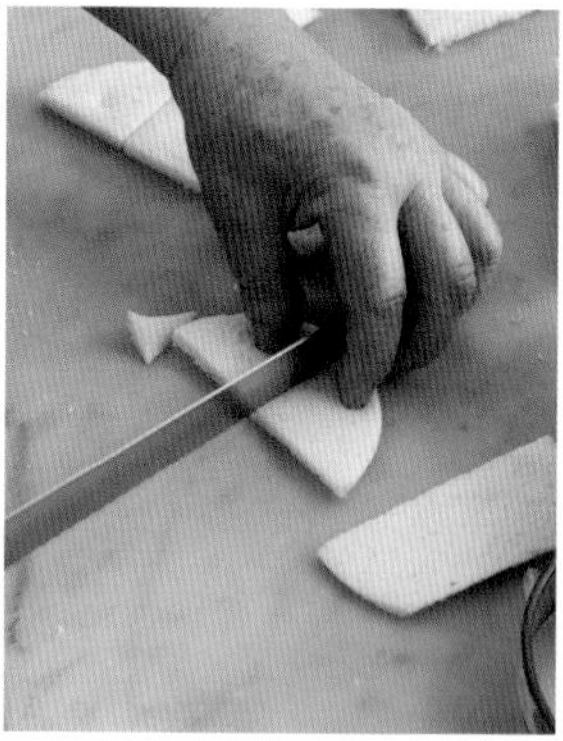

食パン3枚は直径10cmの円型で抜き、波刃包丁を十字に入れて4等分の扇形に切る（10枚使用）。食パン1枚は直径4cmの菊型で抜く。

3

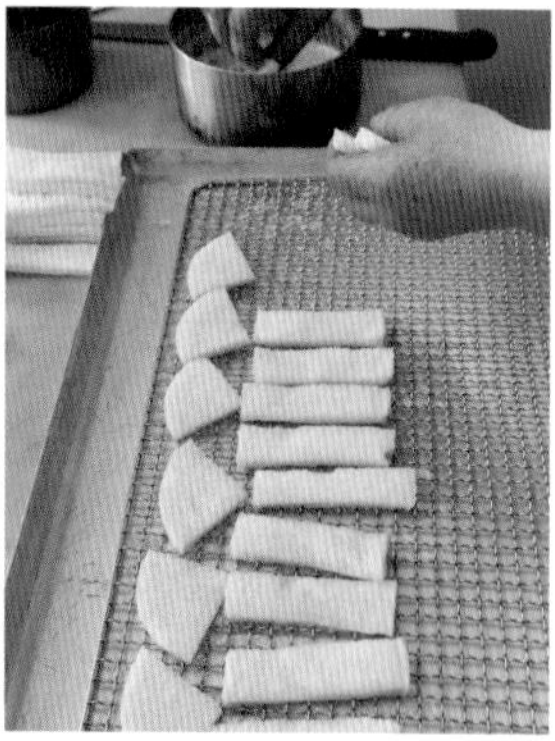

鍋にバターを入れ、火にかけて溶かす。粗熱がとれたら、**1**の短冊形の食パンと**2**を1枚ずつ浸して網の上にのせる。

4

シャルロット型の底に**3**の扇形の食パン10枚を少しずつ重ねながら放射状に隙間なく並べる。中央に**3**の菊型の食パンをかぶせる。

5

**4** の側面に **3** の短冊形の食パン24枚を少しずつ重ねながら並べて貼り付ける。

6

**5** に汁けを切ったコンポート・ド・ポムを隙間なく詰める。

7

**1** の耳を切らずに4等分の四角形にした食パンと、適当な大きさに切った **2** の残りの食パンを少しずつ重ねながら上面にのせ、ふたをする。

8

上火・下火ともに180℃のオーブンで約1時間15分、側面の食パンにも焼き色が付くまで焼く。冷凍庫でしっかり冷やす。

9

**7** で上面にふたとしてかぶせた食パンをはずし、リンゴよりも上にはみ出した食パンをペティナイフで切り落とす。

10

型を直火で軽く温めたあと、台紙をのせて上下を返し、型をはずす。

# Puits d'Amour
ピュイ・ダムール

# ピュイ・ダムールが評判の老舗で学んだ職人の気概とシェフとしてのあり方

Puits d'Amour

菓子屋にしろパン屋にしろ、今じゃかっこいい仕事みたいにみんな言いますけれど、僕はやっぱり労働者的な職人の仕事だと思うんです。僕が１９６０〜70年代にフランスで働いた店の厨房は、みんなそういう雰囲気でした。

パリの16区にあった「コクラン・エネ」もそう。とにかく忙しい店で、週末は店の前に１００m以上の行列ができるくらい。マロンクリームがたっぷり詰まった「ボンブ・コクラン」やババ、タルトもよく売れていましたけれど、一番人気は「ピュイ・ダムール」でした。午前中だけで２００台は売れていたんじゃないかな。ピュイ・ダムールは、器のように焼き上げたフイユタージュに、クレーム・パティシエールを詰めて表面をキャラメリゼした、シンプルで誰からも愛される菓子です。パリの老舗「ストーレー」や「ブーダルー」でも名物で、コクラン・エネでは四角いアントルメとして出していました。

ピュイ・ダムールとともに思い出すのが、この店のシェフパティシエだったフランソワです。猫背で痩せていて、もの静かで温厚な70歳くらいのおじいちゃんでした。でも、働き始めるとすごい！　僕らパティシエが朝6時頃に厨房に入ると、もうすでにフランソワが1人で、ショー

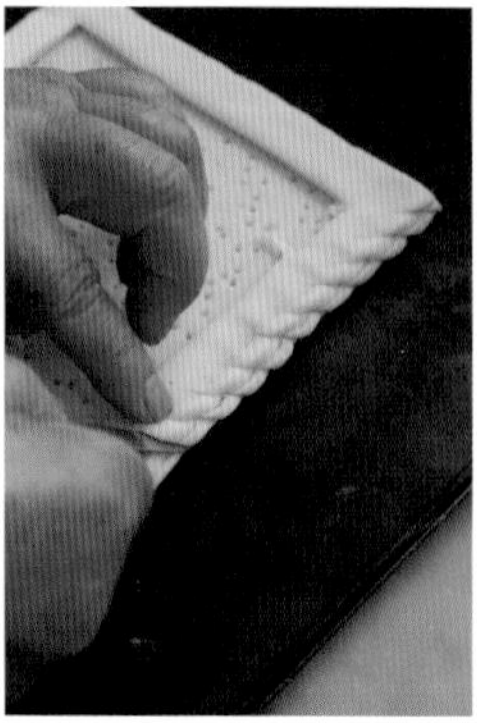

ソンやピチヴィエ、タルトといった焼きものを全部焼き上げてしまっているんです。たぶん、3時か4時には来て仕事を始めていたのでしょう。偉ぶって何にもしないどころか、仕事の手も僕なんか追いつかないはやさで、先頭を切って働きまくっていたシェフとしてのあり方は、今も僕のお手本です。

## 手作業が当り前だった時代のパリで、職人の働き方を目の当たりにした

フランソワだけでなく、ほかのパティシエたちもよく働きました。当時の厨房にはたいした機械なんてありませんでしたから、フイユタージュをのばすのも手作業。トゥーリエ（生地づくり専門の職人）が麻布の上に生地を広げて麺棒でスイスイとのばしていきます。これがはやい！　マカロンもつくり置きせず当日つくっていて、つくるとなったらみんなそろっていっせいに作業するんです。生地を手で混ぜて、紙に絞って、焼いて、紙の下に水を流してマカロンを一気にはがして、クリームを挟んでね。ガトーだけでなくプティ・フールの種類も多かったし、11時頃まではみんなで働きまくって、大戦争です。ピュイ・ダムールをキャラメリゼするのは、僕の担当。石炭のストーブにコテを10本くらい突っ込んで、午前中の2時間くらいは1人でひたすらその作業をやっていました。

それが終われば昼休み。まかないをみんなで食べて、ワインやビール

四角いアントルメは、パリの修業先「コクラン・エネ」と同じ。パート・フイユテで四角形の器をつくり、溶き卵を塗って焼成。中に、ヴァニラビーンズを加えてしっかり炊き上げたクレーム・パティシエールを詰める。仕上げにグラニュー糖をふり、焼きゴテでキャラメリゼ。芯までしっかり焼かれたフイユタージュのこうばしさとクリームのコクが力強く混じり合う。食べ頃は完成から1～2時間後。

# Puits d'Amour

も好きなだけ飲んでいましたね。当時はどこのパティスリーでもそれが当り前で、朝から飲みながら仕事している人もいました。僕は飲んだらとても仕事にならないから、飲みませんでしたけれど。当然、午後はみんなだらしなくなりますよ。フランソワも酔っぱらって、よく寝ぼけていました。その様子が面白いものだから、みんなで追加のピュイ・ダムールのキャラメリゼをわざとやらせたりするんです。すると、寝ぼけてコテをクリームに突っ込んじゃって、パトロンに怒られたりしてね。みんなで笑いながら見ていました。それくらいフランソワはみんなから親しまれて、愛されていましたね。

時代が変わっても、僕はやっぱり、そういう労働者的で職人的な働き方をする厨房が好きなんです。ただひたすらに手を動かして、くだらないことで悩んだり、理屈を考えたりする暇もないくらい思い切り働くような。そうやってどんどん仕事をこなしていけば、誰だって嫌でも仕事を覚えてしまいますよ。悩んで動けなくなっている若い子を見ると、「やりたいのかやりたくないのか、はっきりしろ！」って思っちゃう。辛くてやめてしまう子もいるけれど、「仕事なんてかっこいいものじゃないんだぞ。今は辛いかもしれないけれど、10年経ったら続けてきた意味が絶対にわかる。そうしたら楽しくて仕方なくなるから、頑張れよ」って、心の中で僕は思っています。これからも僕は、そういう勢いのある厨房の姿を変えるつもりはありません。とはいえ僕も、歳を重ねてだいぶ丸くはなってきているみたいですけれどね。

# Puits d'Amour

ピュイ・ダムール

［ 材料 ］

17 × 17㎝・2台分

パート・フイユテ（3つ折り・6回）
（→「基本」p167） *pâte feuilletée* 約 500g

クレーム・パティシエール（→「基本」p162）
*crème pâtissière* 約 600g

ドリュール（全卵）
*dorure (œufs entiers)* 適量 Q.S.

ボーメ 30 度のシロップ（→「基本」p169）
*sirop à 30° Baume* 適量 Q.S.

グラニュー糖 *sucre semoule* 適量 Q.S.

## 組立て 1・焼成

1

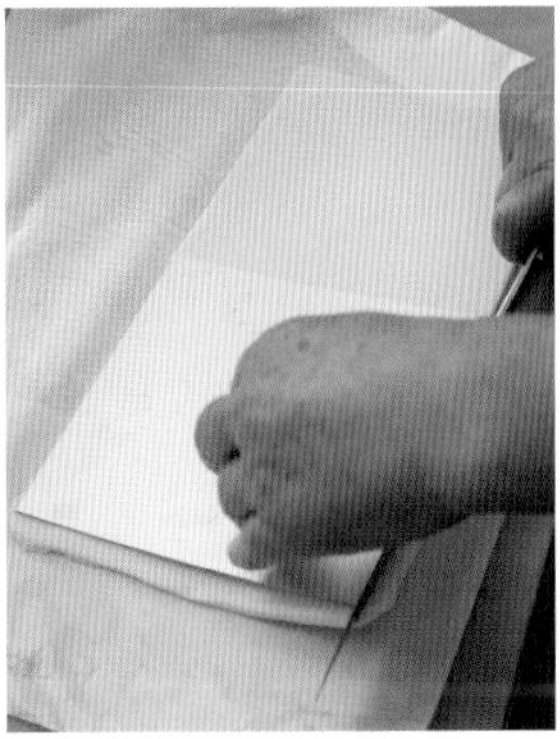

パート・フイユテの半量は厚さ3mmに、残り半量は同5mmにシーターでのばし、それぞれ約36×20cmの長方形（17×17cmの正方形が2枚できる）にして、ラップフィルムで包み、冷凍庫に2時間以上置く。

2

**1**をそれぞれ17×17cmの正方形に切る（1台につき1枚使用）。厚さ3mmの生地をピケして天板にのせる。

3

**2**で17×17cmの正方形にした厚さ5mmの生地は、対角線で半分に折りたたみ、折り目以外の2辺の縁から2cm内側に縁に沿って包丁を入れて三角形に切る。切り取った外側の生地を広げる。幅2cmの枠ができる。

4

**2**の縁から2cm強の部分にドリュールを塗る。**3**をのせて手のひらで軽く押さえて接着する。

5

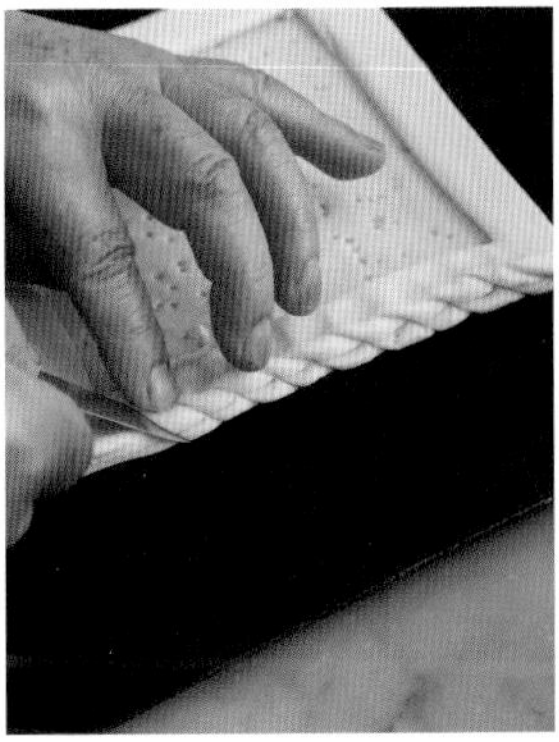

重ねた生地の縁を人差し指で押さえながら、生地の側面にペティナイフの背をしっかりと押し付け、斜めに筋模様をつける。

※フリルが寄ったような模様になる。

6

上の枠形の生地の上面に刷毛でドリュールを塗る。

## 組立て 2・仕上げ

1

ボウルにクレーム・パティシエールを入れて、なめらかになるまでヘラで混ぜ、粗熱をとったパート・フイユテにたっぷりと入れる。パレットナイフで角までしっかりと詰め、表面をざっと平らにならす。

2

クレーム・パティシエールにグラニュー糖をまんべんなくふり、熱したコテをあててキャラメリゼする。これをもう 2 回くり返す（計 3 回）。

7

上火・下火ともに 180℃のオーブンで約 35 分焼成する。途中、底が浮き上がってきたらヘラの柄などで押さえて平らにする。

8

焼き上がったら、熱いうちに刷毛でボーメ 30 度のシロップを塗り、網にのせて冷ます。

# Pithiviers

ピティヴィエ

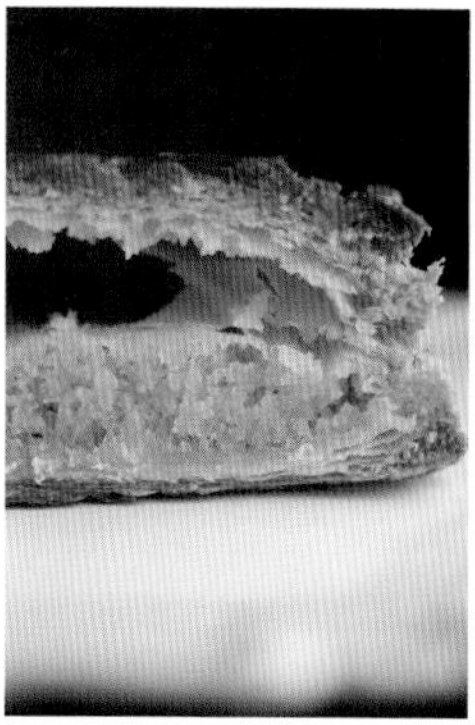

# アーモンドの味と香りがおいしさに直結。素材から加工することで風味が際立つ

ピチヴィエは、パリとオルレアンの間にあるピチヴィエという小さな町で生まれた郷土菓子。僕が現地に行った時はそんなに見かけませんでしたけれど、パリの菓子屋ではどこでもつくっていました。おいしい菓子ですよね、これは絶対に。僕も好きでずっとつくり続けています。

1月6日の公現祭に食べられるガレット・デ・ロワは平らに焼きますが、ピチヴィエは厚みがそれなりにありますね。まずは180〜200℃で焼いてぐーっと層を持ち上げて、立ち上がった側面までしっかり焼き色が付いてきた、そのタイミングを見極めないといけません。焼きすぎるとスカッとなっちゃいます。それから表面にドリュール（塗り卵）を塗って、250℃でしっかりとグラッセ（つや出し）するんです。これがフイユタージュの鉄則。焼き色が浅くても、焼きたてを食べればバターの香りがふわっとしておいしいですけれど、時間が経つと冷めてデンプンが劣化しちゃって粉っぽい味になってしまう。だから、深い焼き色が付くまでしっかり焼いたほうがいいと、僕は思います。

窯の仕事は、店の味が決まる重要な仕事ですし、菓子づくりのなかでもいちばんきつい仕事です。僕がフランスにいた頃も窯担当は厨房で一目置かれる存在でした。どこの店にも大体ベテランのおじいちゃんがい

Pithiviers

て、新入りで日本人の僕なんて滅多にやらせてもらえなくて。当時は冷凍庫も今ほどなかったですから、当日つくった生地を当日焼いて売り切るわけで、午前中の窯は半端ない忙しさでした。

当時の窯は石窯が一般的で、1段に入る天板は12枚くらい。小さなダイヤルで段ごとに温度を設定できて、電気代節約のため、夜の間に蓄電して昼間は補充する程度。そこにいろんな生地がポンポン運ばれてくるから、焼く順番や火のあたりを考えながら、観音開きの扉を開けて、5～6mの巨大なしゃもじみたいなヘラをさし入れて、生地を動かしながら焼いていくわけです。だから、窯担当は店の商品も仕事の段取りもちゃんと理解して、頭を使って生地を焼かないと無茶苦茶になっちゃう。この作業をこなせるのはたいしたもんですよ。

## 窯の仕事は度胸が必要。香りを逃さず、生地に閉じ込める

パリで働いた「コクラン・エネ」と「ポンス」では、僕もちょこっと窯の仕事をさせてもらいました。必要なのは度胸。窯の熱さとか勢いとかに負けちゃったら、絶対にできないです。心配性の人間は「焼けたかな」って扉をちょこちょこ開けて見るけれど、そんなことしたら焼けないって！　焼け具合は香りや日々の感覚でわかるはずだし、途中で開けると膨らんでいた生地が落ちちゃうし、香りや蒸気も逃げちゃう。そういうものを逃さずに、生地にしっかりのっけて閉じ込めるつもりで焼か

クレーム・ダマンドには、アーモンドパウダー、グラニュー糖、ヴァニラビーンズのサヤを一緒に粉砕してつくるタン・プール・タンを使用。3つ折り5回のパート・フイユテで包み、層が立ち上がってしっかりと色付くまで焼き上げる。ザクッとしたパート・フイユテのこうばしさとクレーム・ダマンドの深いコクが絶妙に響き合う。

ないと、おいしいものはできないです。天板だって、手袋を2重、3重にして持つと、かえって熱くて危ないんです。フランスでは小麦粉を手に付けて天板を持っていました。そりゃあ、いつまでも持っていたら熱いですけれど、瞬間で終わらせれば熱くない。点で仕事をすればいいんです。

それから、ピチヴィエでもそうですが、アーモンドの味や香りというのは、菓子のおいしさを左右しますね。僕がやってきた菓子づくりのなかでは、アーモンドパウダーやタン・プール・タンは買うのではなく、自分で加工してつくるものだと思っています。もし小麦粉と同じくらい細かい粒子にしてしまったら、歯にまったくあたらなくて食感もないし、味も素っ気もない。だから、うちの店ではローラーで少し食感が残る程度の粗さに挽いています。

菓子屋は一種の加工業者ですから、自分で素材を選んで加工して、菓子をつくっていくわけです。さすがにアーモンドを育てたり、鶏を育てて卵を採ったりという第一次産業からはできないですけれど、二次加工、三次加工された副素材をただ買い集めて組み立てただけでは、何のために菓子屋をやっているのかわからないですよ。自分の店の独特の味を出すことも難しいし、仕事としてつまらない。プラリネだってフォンダンだってコンフィチュールだってそうです。僕にとってはフランスにいた頃から素材を加工するのは当り前で、そこから始めるのが僕の菓子づくり。それを抜きにしては考えられないです。

# Pithiviers

ピチヴィエ

［ 材料 ］

直径14×高さ約6cm・2台分

パート・フイユテ（3つ折り・5回）
（→「基本」p167） *pâte feuilletée*　約1180g

クレーム・ダマンド
（→「基本」p162） *crème d'amandes*　300g

ドリュール（全卵）
*dorure (œufs entiers)*　適量 Q.S.
ボーメ30度のシロップ（→「基本」p169）
*sirop à 30° Baume*　適量 Q.S.

1

シーターでパート・フイユテを厚さ 5mm にのばす。ラップフィルムで包み、冷凍庫に 20 ～ 30 分入れて締める（写真は冷凍庫から出した生地）。

2

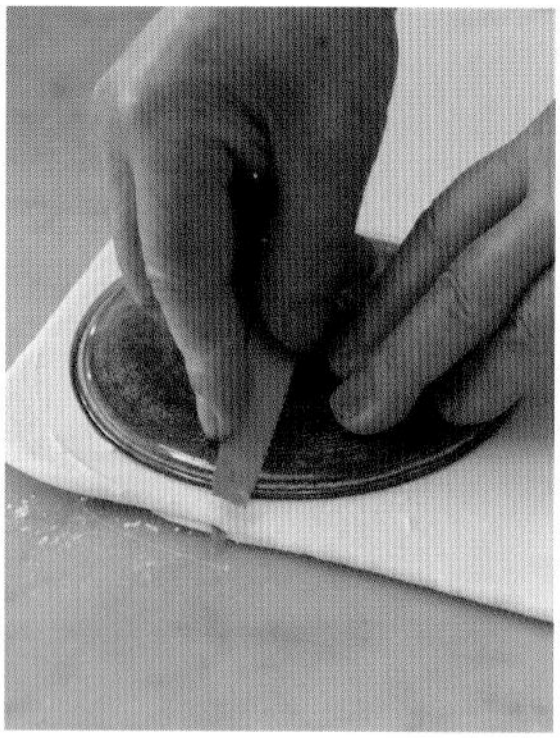

直径 14cm のヴォロヴァンを生地にあて、縁から約 1cm あけてペティナイフの刃先を斜めに入れ、切り口が裾広がりになるように切って、直径 15cm の円形を 4 枚つくる（1 台につき 2 枚使用）。

※斜めに切ることにより、パート・フイユテの層が立ち上がりやすくなる。

3

**2** を 1 枚、表面積が大きい面を下にして作業台に置く。中央にクレーム・ダマンドを 150g のせる。縁から約 2cm あけてパレットナイフで裾広がりの円錐台形にのばす。縁から約 2cm あけた生地の部分に刷毛でドリュールを塗る。

4

もう 1 枚の生地を表面積が大きい面が上になるようにしてかぶせる。ドリュールを塗った部分を指で押さえて接着する。

※生地の切り口にドリュールが付くと、層がくっついて膨らみにくくなってしまうので、縁の先端部分にはドリュールが付かないように注意すること。

5

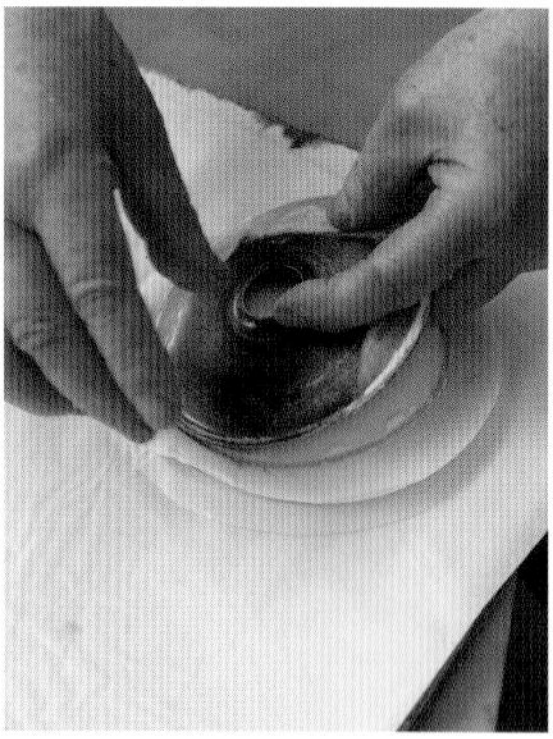

**4** のかぶせた生地の上から、中のクリームが入っている部分の際に、打ち粉をふった直径 12cm のヴォロヴァンの縁をあててぐるりと 1 周まわし、円形に跡が残るくらい強めに押さえて上の生地をしっかりと接着する。

6

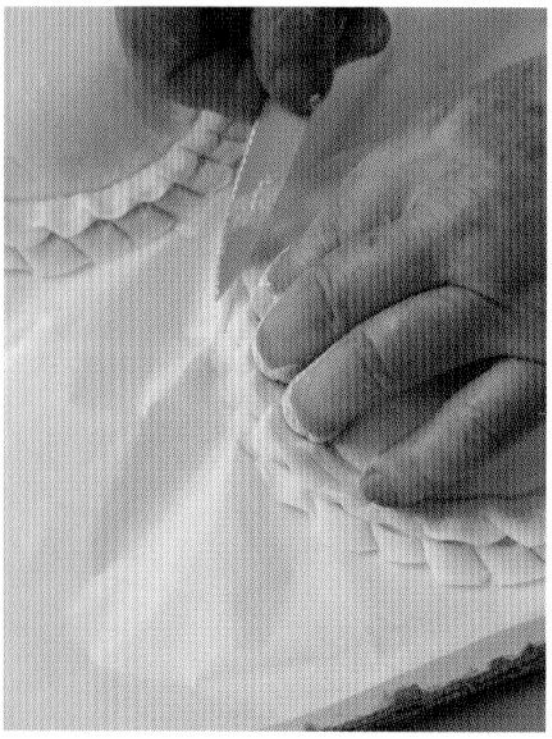

上の生地の縁を人差し指で押さえながら、重ねた生地の側面にペティナイフの背をしっかりと押し付け、斜めに筋模様をつける。フリルが寄ったような状態になる。

郵便はがき

料金受取人払郵便

本郷局承認

4750

差出有効期間
2023年5月
31日まで
(切手不要)

1 1 3-8 7 9 0

(受取人)

東京都文京区湯島3-26-9
イヤサカビル3F

株式会社 **柴田書店**

書籍編集部　愛読者係行

| フリガナ<br>芳　名 | 男<br>女 | 年齢<br>歳 |
|---|---|---|
| 自宅住所 〒 | ☎ | |
| 勤務先名 | ☎ | |
| 勤務先住所 〒 | | |

● 該当事項を○で囲んでください。

【A】業界　1.飲食業　2.菓子店　3.パン店　4.ホテル　5.旅館　6.ペンション　7.民宿　8.その他の宿泊業　9.食品メーカー　10.食品卸業　11.食品小売業　12.厨房製造・販売業　13.建築・設計　14.店舗内装業　15.その他（　　　　　）

【B】Aで15. その他とお答えの方　1.自由業　2.公務員　3.学生　4.主婦　5.その他の製造・販売・サービス業　6.その他

【C】Aで1. 飲食業とお答えの方、業種は？　1.総合食堂　2.給食　3.ファストフード　4.日本料理　5.フランス料理　6.イタリア料理　7.中国料理　8.その他の各国料理　9.居酒屋　10.すし　11.そば・うどん　12.うなぎ　13.喫茶店・カフェ　14.バー　15.ラーメン　16.カレー　17.デリ・惣菜　18.ファミリーレストラン　19.その他

【D】職務　1.管理・運営　2.企画・開発　3.営業・販売　4.宣伝・広報　5.調理　6.設計・デザイン　7.商品管理・流通　8.接客サービス　9.オーナーシェフ　10.その他

【E】役職　1.社長　2.役員　3.管理職　4.専門職　5.社員職員　6.パートアルバイト　7.その他

ご愛読ありがとうございます。今後の参考といたしますので、アンケートにご協力お願いいたします。

◆お買い求めいただいた【本の題名＝タイトル】を教えて下さい

◆何でこの本をお知りになりましたか？

1．新聞広告（新聞名　　　　　　）2．雑誌広告（雑誌名　　　　　　）

3．書店店頭実物　　　　　　　　4．ダイレクトメール

5．そ の 他 ＿＿＿＿＿＿＿＿＿＿

◆お買い求めいただいた方法は？

1．書店　地区　　　　　　県・書店名＿＿＿＿＿＿

2．柴田書店直接　　　3．その他＿＿＿＿＿＿

◆お買い求めいただいた本についてのご意見をお聞かせ下さい

◆柴田書店の本で、すでにご購入いただいているものは？

◆定期購読をしている新聞や雑誌はなんですか？

◆今後、どんな内容または著者の本をご希望ですか？

◆柴田書店の図書目録を希望しますか？　1．希望する　2．希望しない

●ホームページをご覧ください。URL=https://www.shibatashoten.co.jp
新刊をご案内するメールマガジンの会員登録（無料）ができます。

記入された個人情報は、顧客分析と御希望者への図書目録発送のみに使用させていただきます。

7

生地とクリームが締まって固さが出るまで、冷蔵庫に約1時間置く。

8

天板にのせ、上面に刷毛でドリュールを塗る。

※**4**と同様に、パート・フイユテの切り口にドリュールが付かないように注意。

9

縁を残して中心部分から弧を描くように、ペティナイフの背で放射状の筋模様をつける。縁の部分に3～4ヵ所、ペティナイフをさして空気穴をあける。

10

上火・下火ともに180～190℃のオーブンで約1時間焼成する。しっかりと膨らんで色付き、側面も乾いたら、240℃にしてさらに1～2分焼成。焼き上がったらボーメ30度のシロップを上面に塗り、網にのせて冷ます。

# Bonbon Chocolat

ボンボン・ショコラ

# ベルギーで腕を磨いたショコラ。ブリュッセルはカカオの香りに包まれていた

Bonbon Chocolat

僕が初めてチョコレートを食べたのは、4歳か5歳の頃。戦争が終わって間もない時代で、進駐軍が配っていたハーシーのチョコレートを、親父がどこからかもらってきたんです。「これが西洋の匂いかあ。いい匂いだな」と思いながら嗅いでいましたよ。なにせあの頃は、そんな甘くていい香りがするものなんてなかったですから。チョコレートにしろ、タバコにしろ、人生で初めて嗅ぐ香りで、「ハイカラ！」って感じがしました。

菓子職人としてショコラを意識し始めたのは、フランスに渡って1年半くらい経って、パリの「サラバン」というコンフィズリー屋で働き始めた時です。この店ではボンボン・ショコラはつくっていませんでしたけれど、カカオ豆を仕入れて焙煎して、コンチングして、自家製のクーベルチュールをつくっていて。プラリネやジャンドゥーヤも豆（ナッツ）から手づくりしていました。僕がクーベルチュールに触れたのは、その時が初めて。それまでは日本で洋生用チョコレートを生菓子にかけたくらいの経験しかありませんでしたから、すごいなあって思いましたよ。がぜん興味が湧いて、パリのいろいろな店のショコラを食べ歩くようになりました。

いちばんよく通ったのは、マドレーヌ広場に今もある創業1898年の老舗ショコラトリー「ラ・マルキーズ・ド・セヴィニエ」です。店がとにかくゴージャスで、パッケージもすばらしくて、リキュール・ボンボンもおいしかった。店のおばちゃんたちにすっかり顔を覚えられて、からかわれながらも親切にあれこれ試食させてもらいましたよ。

ただ、当時のフランスのショコラは、ベルギーやスイスなどのそれと比べるとかなり遅れていて、質が高いとはとても言えませんでした。クーベルチュール自体の食感がジャリジャリしていたし、プラリネもざらつきが強くて、どの店も風味の豊かさや繊細さはなかった。ガナッシュが使われているものもほとんどなくて、初めは喜んで食べていたけれど、すぐに飽きてしまって。「これは違うんじゃないか」と疑問が膨らんで、確かめようとベルギーへ行ってみたんです。

## 衝撃を受けた「ヴィタメール」のボンボン・ショコラ。最先端の技術を必死で身につけた

そうしたら、ブリュッセルに降り立った途端、街中がカカオの香りに包まれていてすごいじゃないですか。ショコラトリーもいっぱいあるし、風味の表現方法も進んでいて、全然違う！　なかでも衝撃を受けたのは、「ヴィタメール」のボンボン・ショコラでした。センターはとろっと口溶けがよくて、プラリネもこうばしくてなめらか。まわりにかかったクーベルチュールも薄くてブルームもなくて、すべてがフレッ

ボンボン・ショコラは常時30種類ほどを提供。コーヒーやミント、ベルガモットやバルサミコ酢、自家製のプラリネなど、多彩な素材使いで豊富なバリエーションをそろえる。キャラメル×コーヒー×キルシュ、アーモンドプラリネ×コリアンダー×ベルガモット、薫香を付けたガナッシュ×塩など、独創性あふれる風味の組合せも多数。

## Bonbon Chocolat

シュ。「この技術は、絶対に身につけるべきだ！」と思って、帰ってすぐ履歴書を送りました。

それから半年くらい待って、ようやくヴィタメールで働けることになって。設備も技術も本当にすばらしかったですね。当時、クーベルチュールはカレボーのものを使っていて、なめらかで香りもよくて、質がよかった。ガナッシュをつくることから、エンローバーを動かすことまで、僕にとっては何もかもが初めての経験でしたから、一から教わってね。パック（イースター）やサン＝ニコラの日には、型取りしたショコラのピエスモンテをいっぱいつくって、忙しくて大変でした。じつのところ厨房では、経験が少なくて仕事ができないとか、東洋人だとかでずいぶん悔しい思いもしたんですけれど、そんなことに構っていられない！　目の前の技術や知識をもらさず身につけようと、ただただ必死でした。その甲斐もあって、フランスに戻ってからは働いた先々でショコラをずいぶんいじらせてもらいましたよ。作業がはやくてきれいだからと給料を余計にもらえたこともあって、自信もつきました。

そんなわけで、１９７５年に日本に帰国して最初に始めた仕事は、ショコラの卸。でも、売れない、売れない！　上野の菓子屋に持っていった、パンダのチョコはよく売れたけど（笑）。一方のフランスでは、ショコラの歴史に名を残すこととなるロベール・ランクスが、パリに「ラ・メゾン・デュ・ショコラ」を開いてね。フランスのショコラが急速に進化し始めるのは、それから2年後の77年のことです。

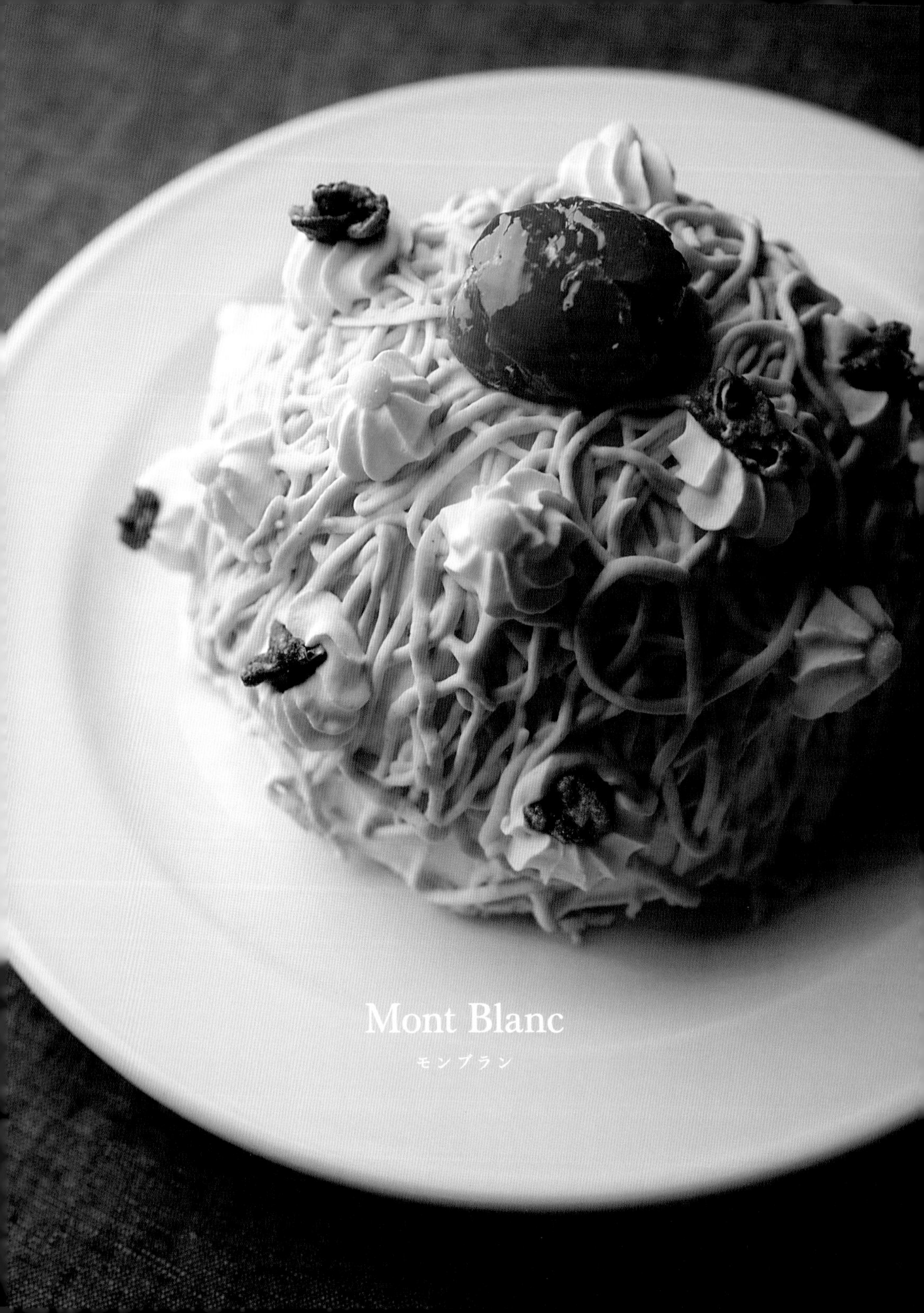

# Mont Blanc

モンブラン

Mont Blanc

# ヒルトン時代に初めてつくったモンブランは個性の表現に邁進した時期の思い出の味

モンブランといえば、１９６７年に僕がフランスへ渡る前から、日本の洋菓子屋では定番のケーキでした。僕自身はつくる機会がありませんでしたけれども、ふわふわのカップケーキにクレーム・パティシエールとクレーム・シャンティイを絞り、さらに黄色い栗のクリームを上に絞ったものがお決まりで、これはこれでおいしいと思っています。

ところが、当時のフランスでモンブランはけっして定番とはいえず、地方もぐるりとまわりましたけれども、出合ったのはパリの「アンジェリーナ」と「ボワシエ」くらい。どちらもメレンゲとクレーム・シャンティイの上に、甘くて濃厚な茶色のクレーム・ド・マロンがたっぷり絞られていて、栗の味は十二分にするけれど、僕には重たくて重たくて。自分でもつくってみようとはとても思えませんでした。

そんな僕が初めてモンブランをつくったのは、ヒルトン・ド・パリのシェフパティシエになった時のことです。ガトー・ド・ジュール（日替りケーキ）として、「マロン・シャンティイ」の名前で出していました。ベースとなったのは、フランスのある地方で出合った、メレンゲと水分の多い栗のクリームを組み合わせた菓子。組み立ててからしばらく経つと、メレンゲが栗のクリームの水分を吸って栗の味とぴったり合ってく

るのが気に入って、自分がモンブランをつくる時にはこういうふうにやろうと決めていました。僕の場合は、メレンゲにアーモンドを加えていて、キャラメル色になるまでしっかり焼くので、生地としての旨さが出る。とろっとしたクリームとメレンゲがなじんで、グシャッとしたところから風味が広がるのがおいしいな、と感じています。

クレーム・ド・マロンに使うのは、栗に砂糖などを加えてペースト状にした市販のパート・ド・マロンです。今でこそ生の栗を加工して、栗の風味をそのまま出したモンブランが多くなりましたけれど、当時はパート・ド・マロンを使うのが一般的で、生の栗を加工してつくった菓子なんてまったく頭にありませんでした。ですから、僕にとって栗の菓子のベースといったらパート・ド・マロン。そこにシロップを加えてクレーム・ド・マロンをつくっていました。それが頭から離れないから、僕自身は、栗は軽く煮たものよりも深く加工したもののほうが栗本来の風味をしっかり感じられると思っているんです。

このモンブランは、ヒルトン・ド・パリで非常に人気が出ました。モンブラン用の口金や、和菓子で使うおだまきのような道具は見つけられなくて、コルネに入れて、1本1本絞っていたのですけれどね。

## 本気で仕事に打ち込むことが<br>職人としての成長につながる

ヒルトン・ド・パリ時代は、ホテル内のレストランやサロン・ド・テタン・プール・タンを配合して中までしっかりと焼き上げたムラング・オー・ザマンドで、クレーム・シャンティイ・オー・マロンと、栗のシロップ漬けをサンド。クレーム・シャンティイでおおったあと、クレーム・シャンティイ・オー・マロンを細く絞り、クレーム・シャンティイ、スミレとミモザの砂糖漬け、マロン・グラッセで飾る。プティ・ガトーは、中にクレーム・ド・マロンを潜ませ、シンプルな仕立てに（右写真）。

## Mont Blanc

の菓子やパンのほか、プティ・フール・セックや宴会のデザートもつくっていましたから、仕事量は膨大でした。シェフパティシエとして入ってから半年くらいは、1日数時間仮眠をとるだけで、ずっと仕事をしていました。30歳になったばかりで若かったし、シェフパティシエは初めての経験で、自分を思い切り表現して、どれだけ通用するのか挑戦してやろうという思いもあったので、疲れなんてなかったですね。アイデアもどんどん湧いてきて、やりたいことは全部やってやろうって思っていました。そうするうちに、スタッフも僕を認めてくれて、僕のやり方についてきてくれるようになった。それで少し余裕も出てきたら、仕事が終わったあと、真夜中からでも遊びに出かけることも。フランス人の同僚とウイスキーを競って飲んだら倒れて、救急車で運ばれたのに、病院から連れ戻されて、頭をガンガンさせながらウエディングケーキをつくったこともあったなあ！　でも、そんなのたいしたことじゃないです。すべてのことに気合が入っていましたから（笑）。約1年半だったからやり抜けたのだとは思いますけれどね。

僕ら職人は、気力と体力とある程度の技術を持っていれば、なんとかなりますよ。そのうえでリスクを恐れず、チャンスが来たら思い切って挑戦すればいい。職人ならば、若いうちに一度は本気を出して、がむしゃらになって仕事に打ち込む時期が絶対に必要です。そこで得られた充実感や達成感は、自信にもなるし、さらに大きな一歩を踏み出す原動力にもなる。僕がそうでしたから、間違いないです。

# Mont Blanc

モンブラン

［ 材料 ］

直径約 15cm・2 台分

クレーム・シャンティイ・オー・マロン
*crème chantilly aux marrons*

クレーム・ド・マロン
（マロンロワイヤル「クレムドマロン」）
*crème de marrons* 500g

生クリーム *（乳脂肪分 47％）
*crème fraîche 47% MG* 500g

＊ 6 分立てにする。

ムラング・オー・ザマンド（→「基本」p169）
*meringue aux amandes*

直径 15cm、12cm、10cm の格子入りの円形 各 2 個

クレーム・シャンティイ *
（→「基本」p162） *crème chantilly* 約 750g

＊ 8 分立てにする。

栗のシロップ漬け
（ブロークン、マロンロワイヤル「マロン・デブリ」）
*marron confit* 適量 Q.S.

マロン・グラッセ *marrons glacés* 2 粒

スミレの花の砂糖漬け
*confit de fleurs de violette* 適量 Q.S.

ミモザの花の砂糖漬け
*confit de fleurs de mimosa* 適量 Q.S.

## クレーム・シャンティイ・オー・マロンをつくる

1

ボウルにクレーム・ド・マロンを入れ、ゴムベラで混ぜてなめらかな状態にする。

2

**1** に6分立てに泡立てた生クリームをひとすくい加え、ボウルの底を氷水にあてながら、しっかりと混ぜる。

3

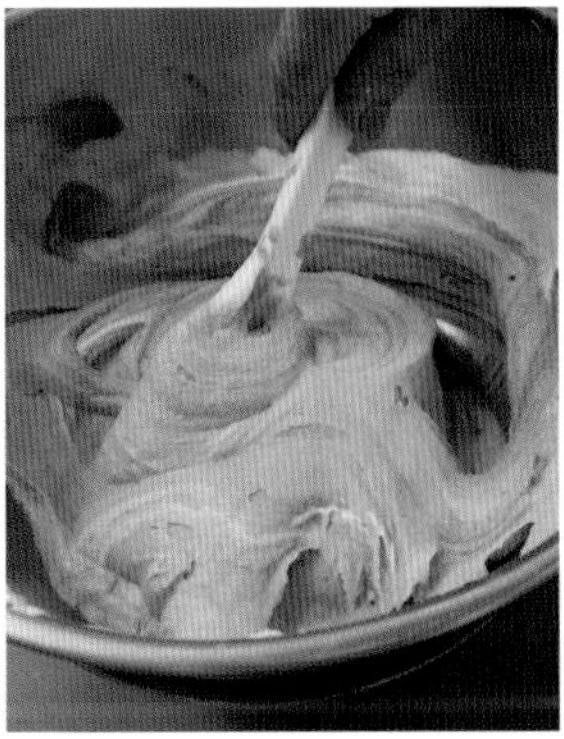

**2** に残りの生クリームを加え、全体が均一な状態になるまで混ぜる。

## 組立て・仕上げ

1

直径15cm、12cm、10cmの、格子入りの円形に模ったムラング・オー・ザマンドをそれぞれ2個ずつ用意する。

2

直径15cmのムラング・オー・ザマンドを台紙にのせる。クレーム・シャンティイ・オー・マロンをカードでひとすくいのせ、ムラング・オー・ザマンドよりもひとまわり小さい円形になるようにパレットナイフでととのえ、平らにならす。

3

汁けを切った栗のシロップ漬けを、適当な大きさにしてちらす。

4

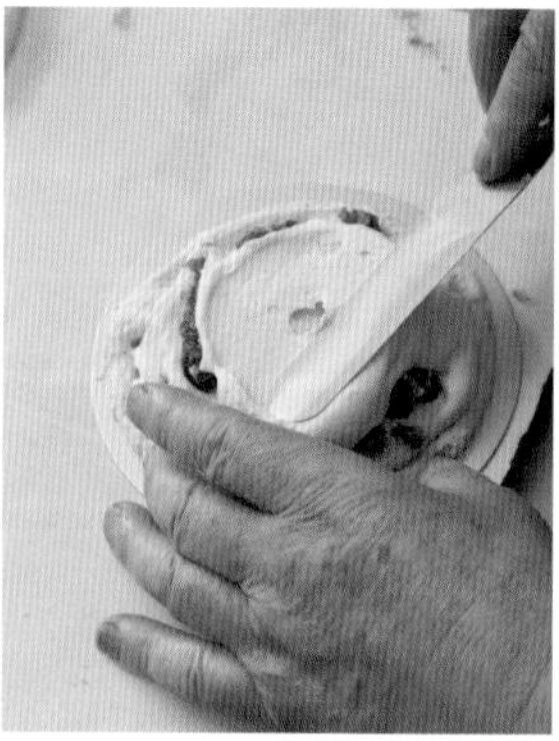

クレーム・シャンティイ・オー・マロンをカードでひとすくいのせ、**2**よりもひとまわり小さい円形になるようにパレットナイフでととのえ、平らにならす。

5

直径12cmのムラング・オー・ザマンドを焼き面が下になるようにしてのせる。

6

クレーム・シャンティイ・オー・マロンをカードでひとすくいのせ、重ねたムラング・オー・ザマンドよりもひとまわり小さい円形になるようにパレットナイフでととのえ、平らにならす。汁けを切った栗のシロップ漬けを、適当な大きさにしてちらす。

7

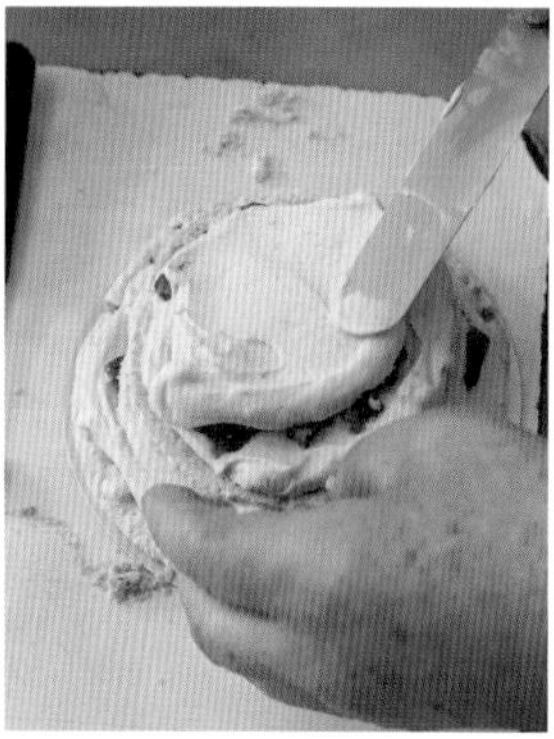

クレーム・シャンティイ・オー・マロンをカードでひとすくいのせ、**6**よりもひとまわり小さい円形になるようにパレットナイフでととのえ、平らにならす。

8

直径10cmのムラング・オー・ザマンドを、焼き面が下になるようにしてのせる。クレーム・シャンティイ・オー・マロンをカードで少量のせ、パレットナイフで平らにならす。

9

**8** を回転台にのせ、表面に8分立てにしてたクレーム・シャンティイをパレットナイフでたっぷりと塗り、ドーム形にととのえる。

10

コルネにクレーム・シャンティイ・オー・マロンを入れ、**9** の表面にランダムに絞る。

11

**9** の残りのクレーム・シャンティイを9切13番の星口金を付けた絞り袋に入れ、**10** にところどころ絞る。

12

マロン・グラッセをてっぺんに1粒のせ、スミレの花の砂糖漬けとミモザの花の砂糖漬けを **11** のクレーム・シャンティイの上に飾る。

# 異国での修業の日々

1

3

2

1）「ポンス」にて。アメとショコラで制作した復活祭のためのピエスモンテとともに。地下の厨房でショコラもつくっていた。繊細なショコラを学びたいと思ったのもこの頃。ショコラの技術が高いベルギーで修業したいと思い始めていた。2）ポンスの厨房にて。左端が河田さん。後方右から２番目の黒い服の男性がパトロンのシャリエールさん。当時は毎日のように日本人の菓子職人が訪れていて、対応を任された。3）ポンスのパトロンから河田さんの両親に送られてきたカード。贈りものへのお礼が書かれている。パトロンと両親の間でやりとりがあったことは当時はまったく知らなかった。

4

4）パリで修業していた日本人の菓子職人で結成したエトワール会のメンバーたち。「パティスリー・ドゥ・シェフ・フジウ」の藤生義治さん、「マルメゾン」の大山栄蔵さん、「ブールミッシュ」の吉田菊次郎さんなどがいた。左から5番目が河田さん。毎月第3月曜の午後に凱旋門の下で待ち合わせ、話題の店やカフェに行って情報交換をした。

Column

6

5

7

5）ポンスの夏休みを利用し、アメを学びに1ヵ月間スイス・バーゼルのコバ製菓学校へ。写真はルツェルンの湖でボートに乗った際に撮影。吹きアメができずに夜の10時まで居残りした思い出も。のちに「エコール・ルノートル」の初代校長となるジルベール・ポネさんから指導を受けたことは大きな糧となった。6）休日に訪れたピカルディ地方の町、シャンティイにて。7・8）パリから南西へ90km弱離れたシャルトルの大聖堂にて。父親が亡くなった際に帰国が叶わなかったため、供養のつもりでパリから歩いて行った。朝7時に出発し、到着したのは夜中の1時頃だった。

8

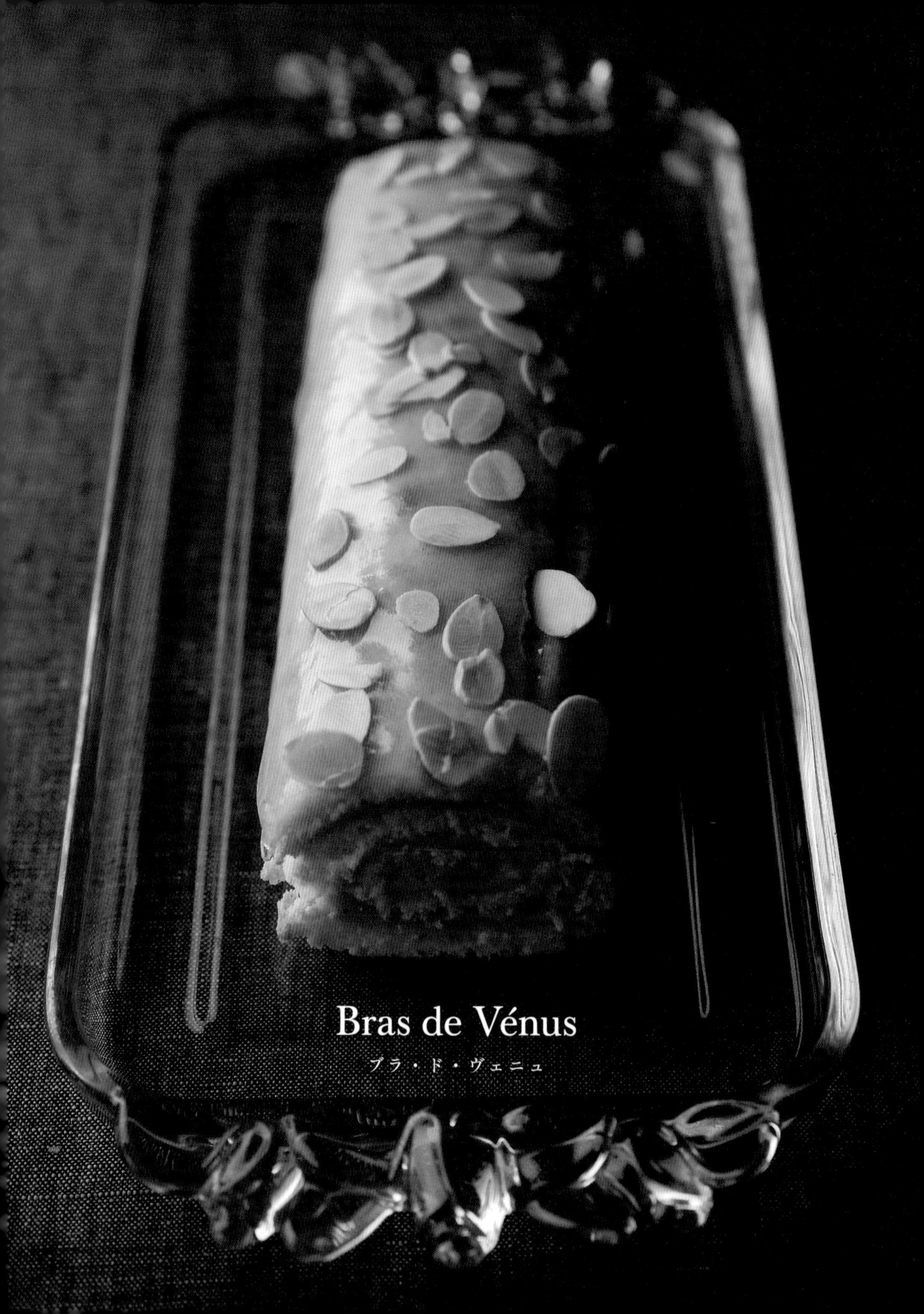

# Bras de Vénus

ブラ・ド・ヴェニュ

# 郷土菓子を探す旅のなかで、町の菓子屋の主人がつくってくれた思い出の菓子

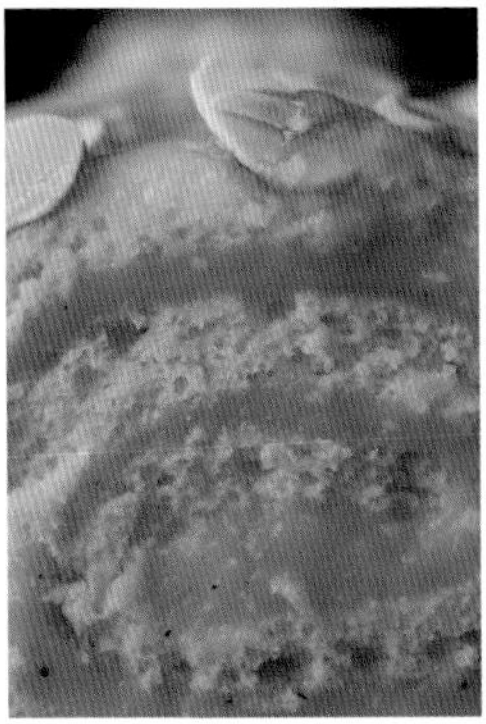

Bras de Vénus

1975年、約8年間のフランス生活に区切りをつけて日本に帰ろうと決め、その前に仕事の総仕上げとしてどうしてもやりたかったのが、フランス一周旅行でした。ヒルトン・ド・パリのシェフパティシエになってからは、寝る時間もないくらいがむしゃらに働きましたから、お金もそこそこ貯まっていましたしね。日本人の友人と2人、2ヵ月かけて、それまで本やガイドブックで調べてきた郷土菓子を、片っ端から訪ね歩いてやろうと考えたわけです。1年でもっとも気候がよくて気持ちのいい初夏の時期で、ひたすら菓子だけを追い求めて、忘れられない旅になりました。

そのなかでいちばん感激した出来事が、ブラ・ド・ヴェニュとの出合いです。フランス語で〝ヴィーナスの腕〟という意味の菓子で、ゴー・エ・ミヨー（アンリ・ゴーとクリスチャン・ミヨー）の『Guide Gourmand de la France（フランス美食ガイド）』（1970年刊）というガイドブックに、フランス南部のラングドック＝ルーション地方・ナルボンヌの特産品として書かれていました。それ以外に情報はまったくなかったのですけれど、ちょっとギリシャ的な匂いがする名前の響きが、とってもいいじゃないですか。「ヴィーナスの腕といったら、いっ

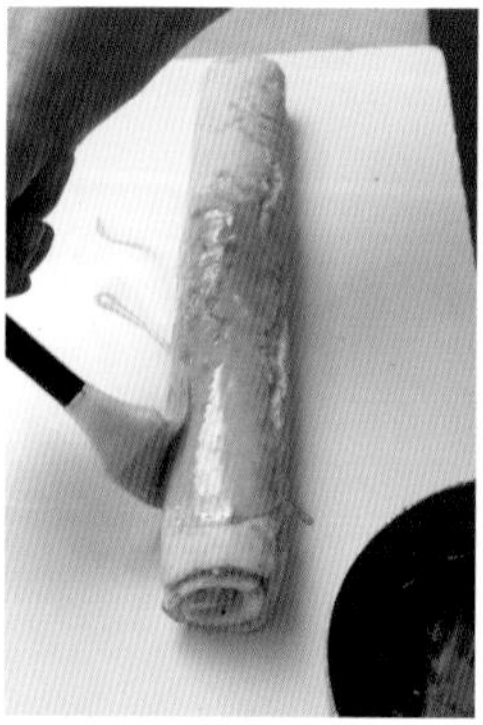

たいどんな感じだろう。きっと、何か古い歴史的背景があるに違いない！」と確信して、現地で絶対に見つけようと思っていました。

　でも、ナルボンヌの菓子屋という菓子屋をすべて見てまわったのですけれど、どこにもなくて。ゴー・エ・ミヨーのガイドブックの記述を見せても、誰も知らない。「ああ、またか」とがっかりしました。「またか」というのは、僕が古い本やガイドブックで下調べをして、この旅のなかで探し歩いた郷土菓子のうち、大半はすでに消滅してしまっていて、出合えないことのほうがずっと多かったからです。

　外国人の僕が言うのもおかしいかもしれないけれど、それは本当に残念なことですよね。郷土菓子というものは、その土地の文化や風土、民族の伝統的な事柄などと密接に関係しながら生まれて、受け継がれてきたものでしょう。確かにおいしいものばかりとはいえないし、消滅してしまうのにはそれなりの理由もあるのかもしれない。でもやはり、そうした伝統の味が失われていくのは寂しいし、もったいないことだと思います。僕としてはそうした郷土菓子を知ることで、フランス菓子の本質や原点が見えてくる気がするのですけれどね。

## 多くの郷土菓子が消滅しているなか、やっと出合えた〝ヴィーナスの腕〟

　ただ、ブラ・ド・ヴェニュは違いました。「ああ、知ってるよ。今はつくっていないけれど、小僧のときによくつくったよ」という、菓子屋ビスキュイにクリームを塗ってくるくると巻いたフランス南部の郷土菓子を独自に表現。別立てにしてレモン果汁を加えた、きめ細かく軽やかな口あたりの生地に、オレンジフラワーウォーターが香るシロップを打ち、レモンゼスト入りのクレーム・パティシエールを巻いた。柑橘のさわやかな風味が南仏をイメージさせる。

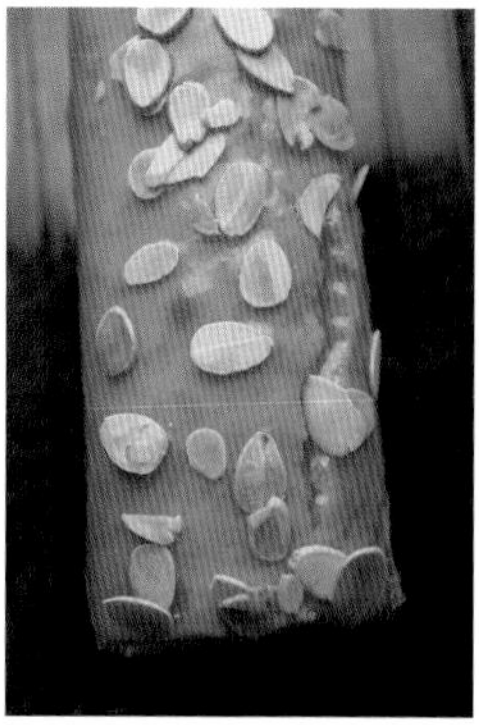

## Bras de Vénus

の親父さんに出会えたんです。地元になじんだ町の菓子屋の主人で、40代後半くらいだったかな。僕らがわざわざこの菓子を探しに来たと話したら感激してくれて、「同じ菓子屋仲間だから、明日まで待ってくれればつくってあげよう」と約束してくれたんです。あの時はうれしかったあ！　ワクワクしました。あれだけフランス各地をまわって、そんな風に親切にしてくれたのは、あの親父さんだけでしたよ。向こうにとっては、日本人がフランスの郷土菓子を探しているっていうことにめずらしさもあったんでしょうけれど、よくつくってくれましたよね。

　そして翌日、店を訪ねて、「ほら、これだろう？」とさし出されたのは、ビスキュイ・ルーレでクレーム・パティシエールを巻いて、マカロンをちりばめた菓子でした。オー・ド・フルール・ドランジェ（オレンジフラワーウォーター）の香りがして、生地はふわっとやわらかくてね。「ああ、ロールケーキかあ。ヴィーナスの腕という割にはちょっと太いし、期待や想像とは違ったな」とも思いましたけれど、つくってくれただけでありがたいし、感激でした。

　由来やこの菓子にまつわる話は結局わからずじまい。たぶん、宝石がちりばめられたヴィーナスの腕のような菓子、ということなんでしょう。日本だったら絶対、町の名前とか固有名詞とかが入った「○○ロール」みたいな名前になるんでしょうけれど、それが〝ヴィーナスの腕〟ですよ。いかにもフランス人らしい、洒落た名前の付け方だな、と思いました。そういうところも好きですね。

# Bras de Vénus

ブラ・ド・ヴェニュ

［ 材料 ］

長さ19cm・2台分

**ビスキュイ・ルーレ** *biscuit roulé*

40 × 30cmの天板・1枚分

卵黄 *jaunes d'œufs* 4個分

グラニュー糖A *sucre semoule* 75g

卵白 *blancs d'œufs* 90g

塩 *sel* 1g

グラニュー糖B *sucre semoule* 10g

レモン果汁 *jus de citron* 1/2個分

薄力粉 *farine ordinaire* 75g

溶かしバター（約35℃にする） *beurre fondu* 25g

**クレーム・パティシエール・オ・シトロン**
*crème pâtissière au citron*

牛乳 *lait* 250g

すりおろしたレモンの皮
*zestes de citrons râpés* 1個分

卵黄 *jaunes d'œufs* 3個分

グラニュー糖 *sucre semoule* 80g

ヴァニラシュガー（→「基本」p160）
*sucre vanille* 5g

薄力粉＊ *farine ordinaire* 15g

コーンスターチ＊ *fécule de maïs* 15g

レモン果汁 *jus de citron* 1/2個分

＊合わせてふるう。

**シロップ** *sirop d'imbiber*

ボーメ30度のシロップ
（→「基本」p169） *sirop à 30° Baume* 20g

水 *eau* 20g

オレンジフラワーウォーター
*eau de fleur d'oranger* 3滴

※上記の材料を混ぜ合わせる。

**グラサージュ・ダブリコ＊**
（→「基本」p161） *glaçage d'abricot* 適量Q.S.

**アーモンドスライス（ロースト）**
*amandes effilées grillées* 適量Q.S.

＊沸騰させる。

## ビスキュイ・ルーレをつくる

1

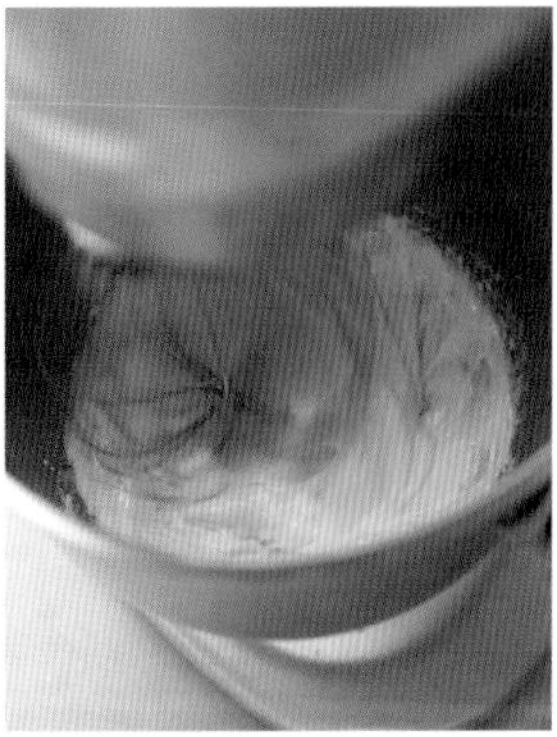

ミキサーボウルに卵黄とグラニュー糖Aを入れ、高速で白っぽくもったりするまで泡立てる。

2

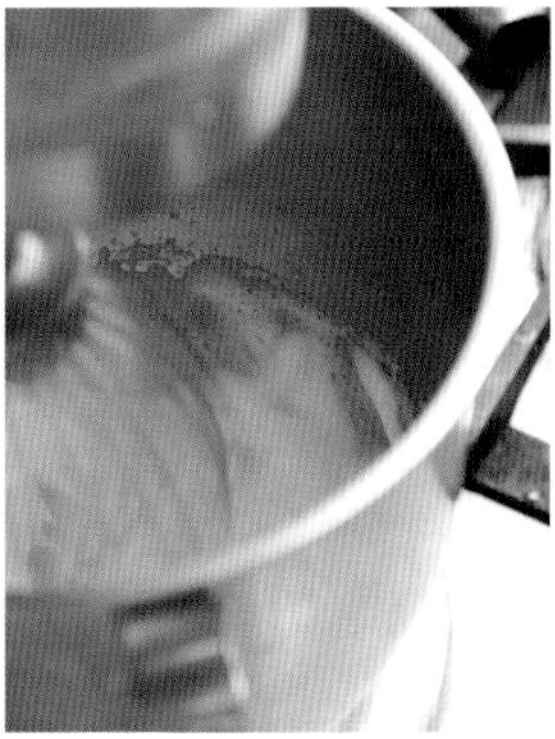

**1**と並行して、別のミキサーボウルに卵白と塩を入れ、グラニュー糖Bを少しずつ加えながら、ホイッパーですくうと角がピンと立つまで高速でしっかり泡立てる。

3

**1**にレモン果汁、ふるった薄力粉を加えてゴムベラでざっと混ぜる。混ざり切らないうちに**2**を3回程度に分けて加え混ぜる。

4

あらかた混ざったら約35℃に調整した溶かしバターを加え、つやが出るまでしっかりと混ぜる。

5

オーブンシートを敷いた40×30㎝の天板に流し、L字パレットナイフで広げて平らにならす。

6

上火・下火ともに210℃のオーブンで約13分、表面が色付くまで焼成する。天板の内側側面と生地の間にペティナイフをさし込み、天板をはずす。生地をオーブンシートごと網にのせて室温で冷まし、ラップフィルムをかける。

## クレーム・パティシエール・オ・シトロンをつくる

1

銅鍋に牛乳とすりおろしたレモンの皮を入れ、弱火にかけて沸騰させる。

2

**1** と並行して、ボウルに卵黄、グラニュー糖、ヴァニラシュガーを入れ、泡立て器で白っぽくなるまですり混ぜる。合わせてふるった薄力粉とコーンスターチを加え、粉けがなくなるまで混ぜる。

3

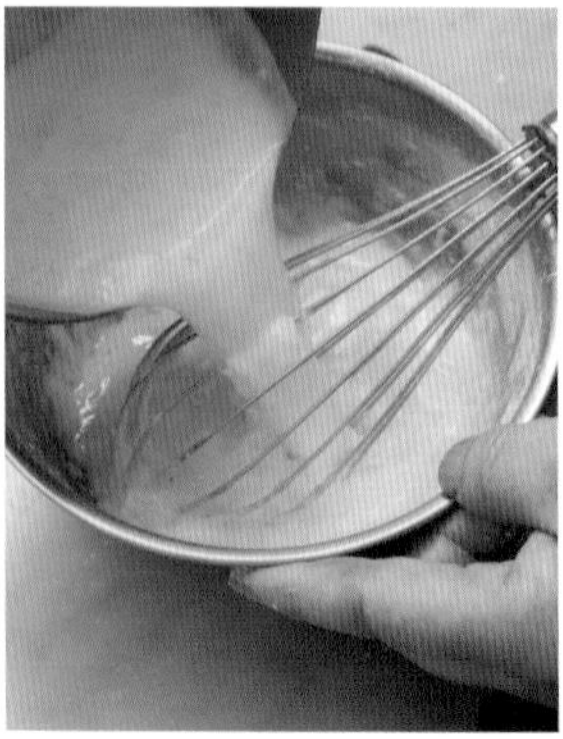

**1** が沸騰したら半量を **2** に加え、しっかり混ぜる。

4

**1** の銅鍋に **3** を戻し入れて強火にし、泡立て器で混ぜながら沸騰させる。

5

コシが切れて混ぜる手の感触が軽くなってきたら、火から下ろす。コシがしっかり抜けて、泡立て器ですくうとツーッと流れ落ちる状態になる。

6

レモン果汁を加えてよく混ぜる。バットに移し入れ、ラップフィルムをかけて密着させる。バットの底を氷水にあてて急冷する。

*鉄板焼きのポテンシャルと*
*最前線を徹底レポート!*

## 鉄板焼き
### 進化する技とテーマ

**柴田書店編**
B5変型判 176頁
●**定価3,300円**（税込）

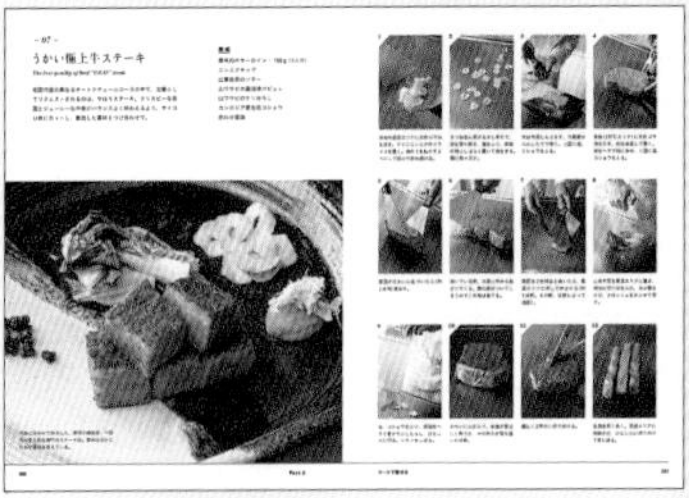

◉**掲載店**　六本木うかい亭／パーク ハイアット 京都「八坂」／プランチャ スリオラ／鉄板焼き 高見／鉄板焼たまゆら／創作鉄板 粉者焼天　ほか

上質な食材、シンプルな調理、きめこまやかなホスピタリティ…鉄板焼きは、日本が誇る料理文化。海外人気はもちろん、国内でも注目が増している。本書では鉄板焼きの基本知識とテクニック、カウンター鉄板のコースメニュー、新発想のカジュアル鉄板料理事例を紹介。

---

*「日本ワイン検定」の受験者必携!*

## 日本ワインの教科書

**日本ワイン検定事務局著　遠藤利三郎監修**
A5判 212頁　●**定価3,300円**（税込）

日本ワインについての正しい知識の普及と啓蒙を図るために誕生した、「日本ワイン検定」の公式テキスト。近年目まぐるしく変わる日本ワインの最新情報をまとめたもので、プロからワイン愛好家まで幅広く手に取ってもらえる内容となっている。

---

*人気資格のバイブル、新年度版の登場!*　★2022年1月末刊行予定

## 新・フードコーディネーター教本 2022　3級資格認定試験対応テキスト

**日本フードコーディネーター協会著**　A5判 344頁　●**予価3,300円**（税込）

2021年から導入された新試験（CBT）方式に対応。本資格に必須の基礎知識を、「文化」「科学」「デザイン・アート」「経済・経営」の4分野に分け、体系的にわかりやすく解説。3級資格取得に必携の書!

### ご注文方法

① お近くの書店へご注文ください
② 柴田書店カスタマーセンターへご注文ください
TEL 03-5817-8370　FAX 03-5816-8281（営業時間 平日9:30～17:30）
③ インターネットより柴田書店へご注文ください
小社ホームページ　https://www.shibatashoten.co.jp

*そば打ちの技術・知識を網羅！ 受験者必携の一冊！*
*大判化で文字・写真が大幅に読みやすくなりました！*

**7年ぶりの改訂！**

## 新版 そば打ち教本

**全麺協そば道段位認定制度公認テキスト**

一般社団法人 **全麺協編**　菊4変型判 224頁 ●**定価3,300円**（税込）

全麺協が1997年から実施してきた「素人そば打ち段位認定制度」が、2019年に「そば道段位認定制度」に名称変更した。本書は2014年に刊行した素人そば打ち段位認定制度公認テキスト『改訂そば打ち教本』の改訂版。記述や情報、データを最新の内容に改めるとともに、大判化して文字・写真を大幅に読みやすく、見やすくした。有段位者・高段位者を目指す人はもちろん、これからそば打ちをはじめようという人にも必読の内容。

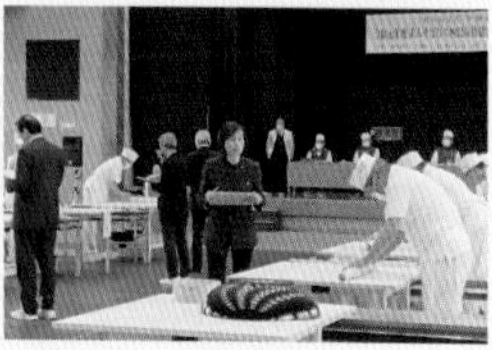

---

*進化するラーメン店の技術と味づくり*

## ソラノイロ　宮崎千尋のラーメン理論

**宮崎千尋**（ソラノイロ）**著**

B5変型判 160頁 ●**定価3,080円**（税込） ▶**電子版も配信中**

激戦の業界で10年間トップを走り続ける「ソラノイロ」。本書はその強さを支える基幹商品の味づくり——スープ、たれ、香味油、チャーシュー、自家製麺のつくり方と考え方を詳細なプロセス写真とともに解説。一世を風靡したベジソバ、ヴィーガンラーメン、さらにラーメン店主の仕事についても掲載した。

---

*南インドの次は、西がくる!?*

## 西インド料理はおもしろい

**食文化とともに味わう、**
**本格カレーとスパイス料理**

**マバニ マサコ著**

B5変型判 192頁

●**定価2,750円**（税込）

インドの中でもラジャスタン、グジャラート、マハラシュトラ、ゴアの４州を取り上げた一冊。本格的なスパイス使いで再現した101品の料理を、その背後にある興味深いストーリーとともにお届けする。

*日本初、パネットーネ専門書*

# パネットーネとパンドーロ

## ドンク・佐藤広樹が伝えるイタリア発酵菓子の技術

**佐藤広樹**（ドンク）**技術監修**
A4変型判　152頁
●**定価3,520円**（税込）

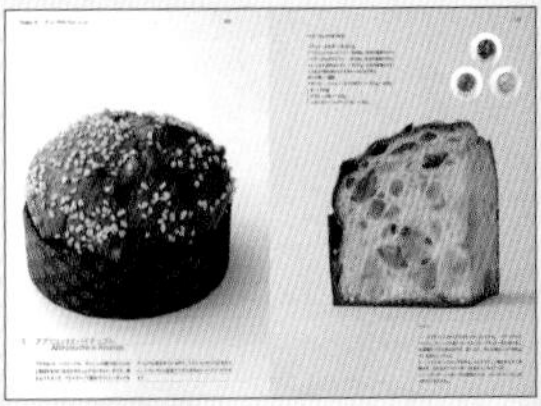

クリスマスを祝う菓子として、注目を集めるイタリアの伝統菓子「パネットーネ」と「パンドーロ」。元種（リエヴィト・マードレ）を使い、種継ぎと発酵を幾度もくり返してつくる複雑さも影響し、詳しい製法は日本ではほとんど伝えられていなかった。本書では、1970年代から現地の製法を受け継いできた「ドンク」の技術を一挙公開。伝統的な製法から、近年主流になった現代的な製法まで、余すところなく紹介する。

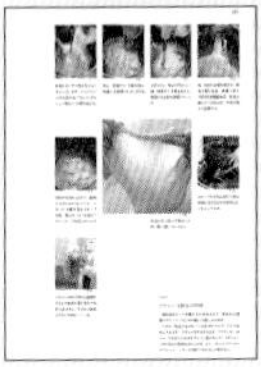

---

*フランス菓子界の重鎮による、18の物語と19のルセット*

## オーボンヴュータン
# 河田勝彦の思い出菓子

**河田勝彦**（オーボンヴュータン）**著**
B5変型判　172頁　●**定価2,750円**（税込）★2021年12月初旬刊行

2021年に開業40年を迎えたフランス菓子店「オーボンヴュータン」。渡仏から50年以上経った今、日仏の菓子業界の劇的な変化をも体感してきた菓子職人・河田勝彦氏が、自身の“オーボンヴュータン（＝古きよき時代、思い出の時）”の菓子を語る。物語に登場するのは、アリ・ババ、パリ・ブレスト、ポロネーズ、カヌレ、サントノーレなど、とくに思い出深い菓子18品。ルセットも写真を添えて紹介する。

●河田勝彦　好評の既刊

**オーボンヴュータン 河田勝彦の菓子**
**ベーシックは美味しい**
B5判 360頁　●**定価6,820円**（税込）

**オーボンヴュータン 河田勝彦 菓子のメモワール**
**プティ・フールとコンフィズリー**
B5判 304頁　●**定価6,820円**（税込）

# 柴田書店出版案内

食 知 力 ShiBaTa

書籍 ムック

2021.11

〒113-8477
東京都文京区湯島3-26-9
イヤサカビル
●問合せ 柴田書店営業部
TEL: 03-5816-8282
https://www.shibatashoten.co.jp
◆本広告の価格は消費税10%込みです

*「こつ」の科学シリーズ最新作は、味と香りがテーマ*

## 味・香り「こつ」の科学

おいしさを高める 味と香りのQ&A

**川崎寛也著**　A5判　288頁　●**定価1,980円**（税込）

料理人からの信頼も厚い農学博士の著者が、味と香りのさまざまな疑問に科学的な観点から答える。これまで経験や勘に頼っていた調理作業の効率化や新しい料理の創作につながる一冊。

◉Q&Aより
うどんやそばのつゆは、関西と関東で、どうしてあんなに違うのでしょう？
和牛香とはなんですか？ 海外の牛肉にはない香りなのでしょうか？
香ばしさは、味ですか？ また香ばしさと焦げの違いはなんですか？
一皿の料理の中で、相性のいい香りを使うには？　……など176問を解説

---

*故郷の味を100年先まで。絶滅危惧な料理88品をレシピ化*

## 津軽伝承料理

発酵、うまみ、プラントベースを駆使した食の知恵

**津軽あかつきの会著**

B5変型判 144頁 ●**定価2,200円**（税込） ▶**電子版も配信中**

青森県弘前市石川地区の女性たちによる「津軽あかつきの会」。消えつつあった地域の食の知恵を20年前から丹念に掘り起こし、後世に伝える活動を続けている。調味料や保存食、山菜やキノコを駆使した料理、行事食——いつまでも残したい故郷の味を、美しい写真とともに収めた一冊。

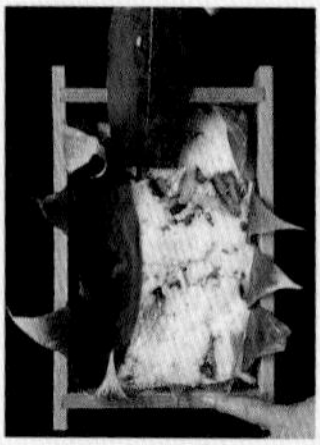

ばっけ味噌、身欠きニシン、みず、紫蘇巻き、根曲がり竹、ナンバ味噌、さもだし、けの汁、鮫なます、イガメンチ、甘いいなりずし…

## 組立て・仕上げ

1

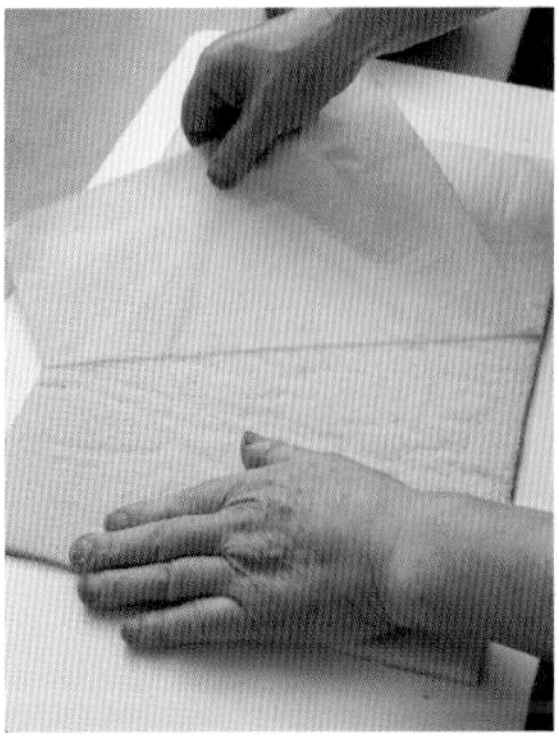

ビスキュイ・ルーレを裏返してオーブンシートをはがし、焼き面を下にして別のオーブンシートにのせる。横長にして作業台に置く。

2

シロップを刷毛で打つ。

3

ボウルにクレーム・パティシエール・オ・シトロンを入れ、ヘラでなめらかになるまで混ぜる。**2**にのせ、パレットナイフで薄く平らにのばす。

※巻き始めとなる手前側は、クリームを若干薄くしておくと巻きやすくなる。

4

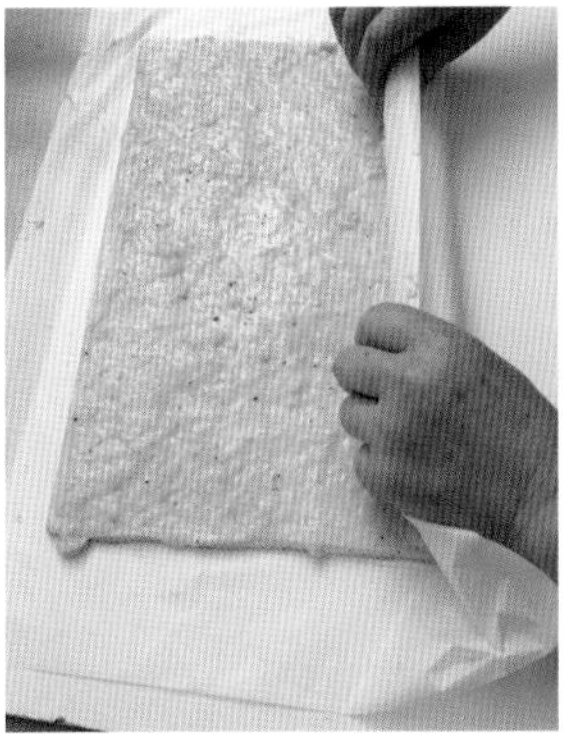

生地の手前側から奥へと1cmごとに、パレットナイフで長辺に沿って横に2本、約1cm幅に軽く筋を入れる。オーブンシートを持ち上げながら生地を巻く。

5

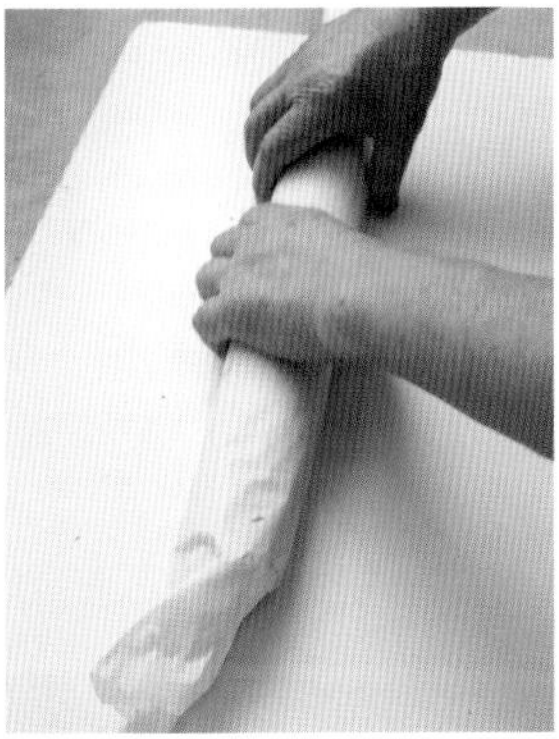

巻き終わったらオーブンシートでおおい、形をととのえて、ゆるまないようオーブンシートを引きながら締める。そのまま板などにのせて冷蔵庫で冷やす。

6

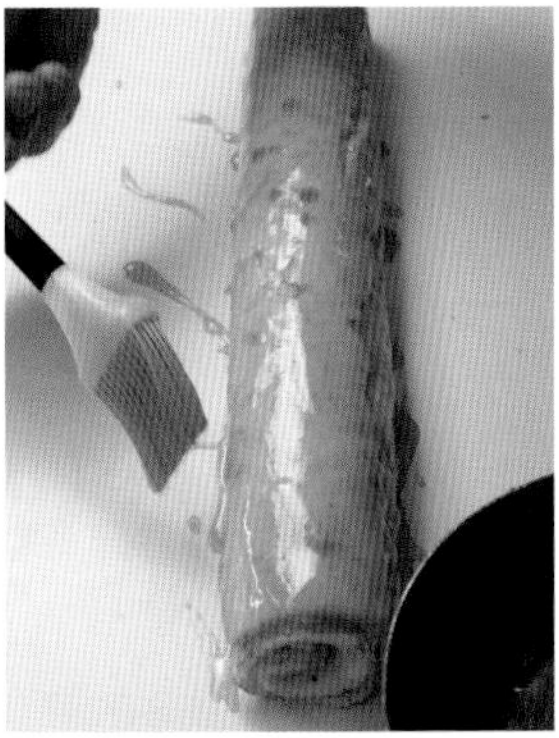

**5**のオーブンシートをはずし、沸騰させたグラサージュ・ダブリコを表面に刷毛で塗る。ローストしたアーモンドスライスを上面に貼り付け、波刃包丁で両端を切り落として半分（約19cm）に切り分ける。

# Far Breton

ファー・ブルトン

# 材料を混ぜて焼くだけの「粥状の菓子」にも
# 粉の味を引き出すフランス菓子の神髄が見えた

Far Breton

ファー・ブルトンは、ブルターニュ地方へ行くたびに食べます。〝ブルターニュの粥〟という意味の名前のとおり、水分も油脂分も多めのやわらかい粥状の生地でありながら、ほどよくもちもちとした食感が魅力です。ただ、現地で食べたファー・ブルトンのほとんどは、粉の配合が多いのか、粘りや弾力が強すぎて、噛むと歯形がそのまま残るくらいガチッと固めの食感で、僕としては何か違うな、という感じでした。やはり、中はそれなりにやわらかくないとね。僕は、バターを厚く塗ってグラニュー糖をまぶした型にアパレイユを流して、上にちぎったバターをのせて焼くのが好きです。そうすると、外側がちょこっとキャラメリゼされたようになって、内側との食感のコントラストが出るんです。

　フランス各地には、ファー・ブルトンと同じように、水や牛乳、卵で粉を溶いたアパレイユを焼いた、もっちりとした食感の菓子がたくさんあります。たとえば、南西部のミヤスーやフロニャルド、ブロワ（クルシャード）。もともとは小麦粉ではなく、トウモロコシ粉が使われていたものもあって、今は両方見られます。それから、リムーザン地方のサワーチェリーと一緒に焼き上げるクラフティ、ボルドー生まれのカヌレ、ブルターニュ地方のクレープ、パリのフラン・パリジャン・ア・

ラ・クレームなどもありますね。バリエーションはさまざまですけれど、どれもジェノワーズやビスキュイといった気泡をしっかり入れて焼き上げる以前の、粉を使ったお粥のようなやわらかい状態の菓子。僕はこれらを「粥状の菓子」と呼んでいます。ルーツはおそらく、イタリアのポレンタのようなものが、北上してきたローマ人によって広まっていったのでしょう。調理法は至って原始的で、混ぜて焼けばでき上がり。ただ、そのなかにも、しっかり火を入れることで粉のおいしさを引き出すという、フランス菓子の神髄のようなものが垣間見えて、興味をそそられるんですよね。

粥状の菓子に限らず、郷土菓子というものはだいたい、素朴でシンプルなものです。宮廷で生まれて時代とともに確立されていった、華やかなフランス菓子の体系とはまったく違うところにある。混ぜ方や気泡の入り方、焼き方がどうとか、細かいテクニックをどうこう言うようなものではありません。生地に加える素材も特別なものではなく、地元で採れるフルーツや木の実を入れているだけ。そこに菓子づくりの原点、食の原点を感じて、僕は郷土菓子に惹かれていったのだと思います。

## フランス一周旅行で出合った郷土菓子が今でも菓子づくりの原動力に

約8年間のフランス生活でのいちばんの思い出は、やはり、前項にも書きましたが、帰国前に実行したフランス一周旅行です。フィアットの卵、砂糖、小麦粉、塩、牛乳、生クリームでつくるリッチな風味のアパレイユに、ラム酒漬けのプルーンを入れて焼いたブルターニュ地方の郷土菓子。型にバターをたっぷりと塗ってグラニュー糖をまぶし、アパレイユの上にちぎったバターをちらして焼くことで、表面はカリッ、中はもちっとやわらかい食感のコントラストが生まれる。

## Far Breton

オープンカーを中古で買って、友人と2人で各地を時計まわりに2ヵ月かけてまわりました。「せっかくならばかっこよく」と選んだこの車がまあ、故障続きでなかなか大変で（笑）。限られた予算内でできるだけ多くの町をまわろうと、ユースホステルの安宿に泊まって自炊したり、シャルキュトリーやパンを買って車や道端で食べたりしていました。でも、菓子だけは迷わず買い込んで、一生懸命食べて。さすがに全部は食べ切れなくて、もったいないと思いながらずいぶん捨ててしまいましたけれど。

　目的の町に着くとまず、教会を目印にするんです。だいたいそのまわりに観光局も菓子屋もありますから。それから、目当ての菓子があれば町の人に聞きながら歩いて探してね。すでにつくられなくなってしまった菓子が多くて、なかなか出合えなかったからこそ、見つけた時は本当にうれしかったなあ。

　粥状の菓子の存在に気づいたのも、南西部からパリへと北上していたこの旅の後半でのことでした。実際に各地へ足を運んでそれぞれの菓子の味や成り立ち、育まれてきた風土や歴史、文化、人々の思いに触れられたのは本当に貴重な経験で、大きな喜びでしたね。僕にとっては、それまで本を読んで集めた情報を検証する旅であり、これから自分が追求しようとする菓子の方向性を確認する旅でもありました。そこで得た感動のすべてが血となり肉となり、今も僕を前へと進ませているのだと思います。

# Far Breton

## ファー・ブルトン

［ 材料 ］

直径18×深さ4cmのマンケ型・2台分

薄力粉 *farine ordinaire* 140g

グラニュー糖A *sucre semoule* 100g

塩 *sel* 6g

牛乳 *lait* 310g

生クリーム（乳脂肪分48%）
*crème fraîche 48% MG* 310g

全卵（溶きほぐす） *œufs entiers* 140g

バターA（室温にもどす） *beurre* 40g

グラニュー糖B *sucre semoule* 適量Q.S.

ラム酒に漬けたドライプルーン
（アジャン産・種抜き）*[1]
*pruneaux au rhum* 16個

バターB*[2] *beurre* 約40g

＊1ドライプルーンを瓶に入れ、ラム酒を浸る程度に加えて1日以上漬ける。
＊2室温に置いて少しやわらかくし、1cm角にちぎる。

1

ボウルに、ふるった薄力粉、グラニュー糖A、塩を入れ、泡立て器で混ぜる。

2

牛乳と生クリームを順に加え、そのつどざっと混ぜる。

3

溶きほぐした全卵を加えてよく混ぜる。

4

網で漉しながら別のボウルに入れ、室温に置く。

5

直径18×深さ4cmのマンケ型にバターAを20gずつ指で厚めに塗る。

6

**5**にグラニュー糖Bをたっぷり入れ、型を傾けながら内側の側面と底にまんべんなくまとわせる。型を逆さまにして、余分なグラニュー糖を落とす。天板にのせる。

7

ラム酒に漬けたドライプルーンを網にあけて汁けを切る。**6** に 8 個ずつ入れる。

8

**7** に **4** を半量ずつ流し入れる。

9

約 1cm 角にちぎったバター B を約 20g ずつちらす。

10

上火・下火ともに 180℃のオーブンで約 1 時間 20 分、手で押して弾力が感じられるようになるまで焼成する。途中、生地がはみ出したら、パレットナイフか手で型の内側に押し込む。

11

焼き上がったら裏返して型をはずし、網にのせて室温で冷ます。

# Gâteau Pyrénées

ガトー・ピレネー

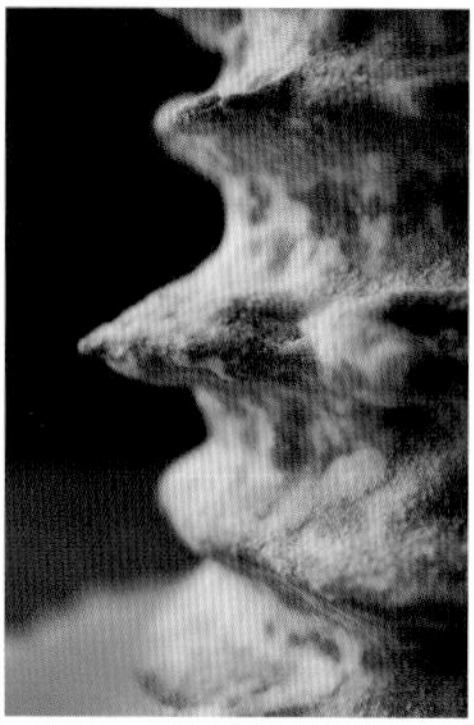

## 武骨で素朴なピレネー地方の郷土菓子は店の個性を伝える特別な一品

ガトー・ピレネーを初めて見たのは、パリへ渡って3年ほど経ったクリスマスのことです。マドレーヌ広場にある「フォション」で、2m近くはあろうかという大きなガトー・ピレネーが飾られていて。クリスマスのデコレーションもされていて、まあ見事でね。一瞬で目を奪われました。

それがどういう菓子なのか知ったのは、数年後だったかな。古本屋で購入した本に、ガトー・ピレネーの図版があったんです。その後、19世紀の料理人、ユルバン・デュボワのルセットも見つけました。ゴー・エ・ミヨーの『Guide Gourmand de la France（フランス美食ガイド）』（1970年刊）で、フランス南西部のタルブという町でつくられていることもわかって、フランスで働いている間に何度か行って探したんですけれど、結局出合えなくて。帰国したあともあきらめきれなくて、「オーボンヴュータン」を開いたあとにもう一度行ってみることにしたんです。その時ちょうど、何か店の個性を伝えられるような特別な一品をつくる必要にも迫られていて、ガトー・ピレネーが頭に浮かんだ、というのも理由の一つでした。

「今度こそ」と、町中の菓子屋を片っ端から探して、いろんな人に情

## Gâteau Pyrénées

報を聞きまわりました。でも、やっぱりどこにもないし、誰も知らない。意気込んでいただけにがっくりして、さすがに疲れ果てて、カフェの椅子に座り込んでしまってね。そうしたら、ふと見上げた先のレジの横に、高さ30㎝くらいのガトー・ピレネーがあるじゃないですか！　もう、うれしくて駆け寄りましたよ。レジのおばちゃんに聞いたら、土産ものとして焼いている男性がいるからと連絡をとってくれて、その息子さんが町はずれの作業場まで案内してくれることになったんです。

　だけど、喜んだのも束の間で、到着してみたらその日の作業はすでに終わっていて、つくるのは朝3時から8時までだと。いくら頼んでも、焼いているところは絶対に見せられないって言うんです。僕だってやっと見つけて、絶対にあきらめられないですよ。それで、その方が経営していた隣のオーベルジュに泊まって、翌朝こっそり見に行くことにしたんです。あの光景は今も忘れられない！　まだ外が暗いなか、農家の納屋のような作業場でおじさんが1人、暖炉に薪をくべて芯棒をまわしながら、ガトー・ピレネーを焼いていました。炎が赤々と燃えて、芯棒から生地がたらたらと流れ落ちていてね。ゴツゴツした荒々しいシルエットが炎のなかに浮かび上がって、ものすごい迫力でしたよ。

### さまざまな生地で試作を重ねた末に、100年以上前の配合を採用

ただ、現地で食べたガトー・ピレネーは、ゴツゴツしたモミの木その

フランス南西部のピレネー山脈周辺地域の郷土菓子。卵黄や溶かしバター、メレンゲなどでつくる生地は、オレンジの皮のコンフィ入りで、深いコクのなかにさわやかさを感じる。バウムクーヘン用の窯を使い、回転する木製の棒を芯にして、年輪のように、何層にも生地を重ねて焼き上げる。「オーボンヴュータン」では大中小の３サイズを用意。写真は高さ 20cm の小サイズ。

ものの格好はすばらしかったけれど、おいしくなくて（笑）。凹凸が出やすいように流動性の高い生地にしているのでしょうが、生地が死んでいるから焼くとコリコリして食感が悪いし、ヴァニラやラム酒の香りも安っぽくてね。自分でつくるならば改良が必要だと思いました。

　でも、味も食感もよい生地を使って試作してみたら、表情がつかないどころか、形にすらならなかったんです。クレープ生地からマドレーヌ生地、パン・ド・ジェンヌの生地まで30種類くらい試したと思いますけれど、どれもダメでした。それで、いったん基本に戻ろうと、最初に本で見たユルバン・デュボワの配合を試したんです。そうしたら割と思いどおりの感じになったので、もうこれでやるしかないだろうと。オレンジフラワーウォーターの代わりにオレンジの皮のコンフィを加える変更はしましたけれど、あとはそのままです。１００年以上前のルセットなのに、すごいことだと思う。驚きました。

　窯は、バウムクーヘン用のガス窯を使っています。1本焼くのにかかる時間は2時間以上。窯の近くは温度が70～80℃にもなってしまうので、焼く人間が暑くてかわいそうだから、部屋に換気扇を取り付けたんですよ。なのに、「回すときれいに焼けないから」って、みんな換気扇を回さなくて。根性あるな、と感心します。ゴツゴツした焼き上がりの表情はなりゆき任せですけれど、火の熱さに真正面から向かっていく気持ちで焼くと、いい表情に焼けます。「熱い、熱い」と思って引いたら、こちらの負け。そういうもんです。

# フランス一周旅行

Column

2

1

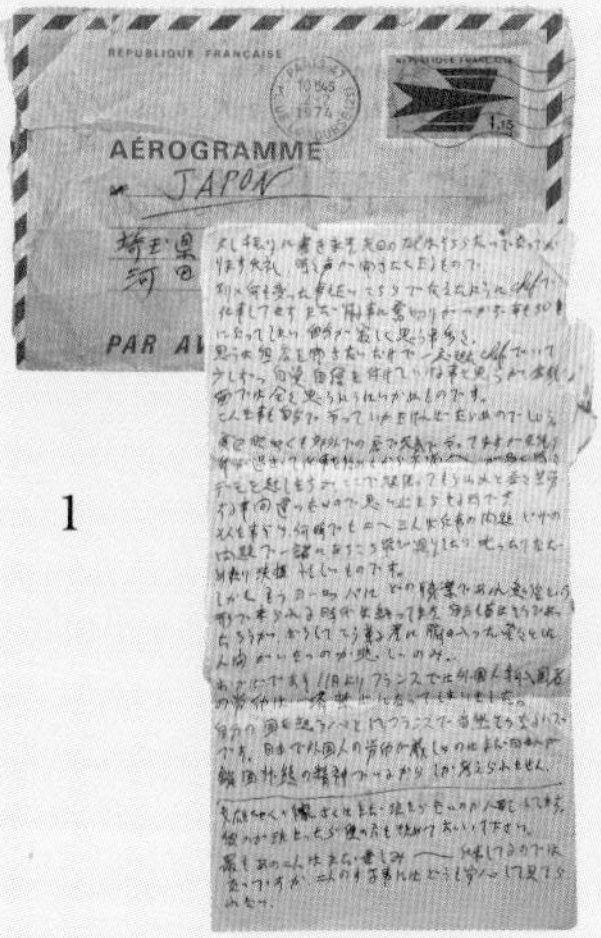


3

4

5

1）ヒルトン・ド・パリのシェフを務めていた時に母親へ送った手紙。外国人として働くことへの思いなどを綴っている。2〜4）修業を締めくくるフランス一周旅行。約2ヵ月の間、友人とともに車で地方を巡った。旅の途中で屋根にカメラと三脚を置いたまま車を走らせてしまい、カメラ一式を紛失してしまったことが今も悔やまれる。5）一周旅行の前にも時間を見つけてはフランス各地へ出かけた。

# 帰国。かわた菓子研究所の設立

1

2

1・2）1975年7月に帰国し、8月に埼玉・浦和（現さいたま市）で開業。写真は開業後に催された宴会の様子。「ブールミッシュ」の吉田菊次郎さん、「ドルチア本店」の木村 修さんなど多くの職人仲間が集まった。3・4）工房の2階のテラスで15人ほどを集めて開いた食事会の様子。「パティスリー・ドゥ・シェフ・フジウ」の藤生義治さん、「クレモン・フェラン」の酒井雅夫さん、「マルメゾン」の大山栄蔵さん、「サンルイ島」の遠藤正俊さん、「アルパジョン」「ヴォアラ」などを展開する棟田純一さんらが参加していた。

4

3

2

1

# フランスで集めた古書や道具

Column

3

1・2）1970年前後、「ポンス」での修業時代に料理や菓子の古書に魅了され、給料をコツコツ貯めては、アントナン・カレームやジュール・グーフェ、ユルバン・デュボワなどの本を買い求めた。なかには、給料の約3ヵ月分を支払って、ようやく手に入れた貴重な本もある。3）店舗の壁の装飾は、古書の挿絵から。天使たちがグラス（氷菓）をつくっている。4）フランスの方々で探し求めてなんとか入手したグラスの型はボンブ型やオムレット型など。5）古くから使う道具も多く、口金は金属製を使用。

5

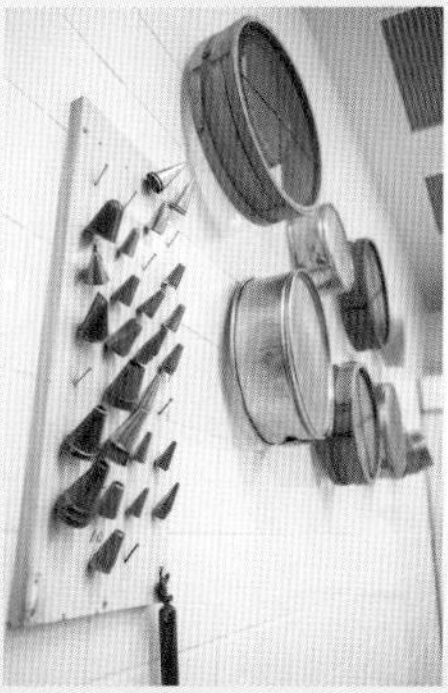

4

# Biscuit aux Fruits

ビスキュイ・オ・フリュイ

# フランス菓子屋の意地から生まれた ショートケーキのようなフランス菓子

Biscuit aux Fruits

人生最初の洋菓子の思い出は、中学生の頃のクリスマスに姉が買ってきてくれた、「不二家」のショートケーキです。スポンジ生地の食感にもクリームにも驚いて、「これが洋風の味かあ！　洒落ているなあ！」と思いましたよ。まわりにアラザンがかかっていてね。なにせ当時はまだ、家で洋風の料理が出ることなんてなかったですし、進駐軍がくれたハーシーのチョコレートは食べたことがあっても、ケーキなんて日々の生活になかったですから。あとはせいぜい、近くのパン屋のコッペパンくらいでした。菓子職人として「米津凮月堂」に入って、ショートケーキの仕上げを担当したことも覚えています。ふわふわのスポンジ生地の間に缶詰のモモやパイナップルを挟んで、１日１０００個くらいはつくっていたと思います。

でもね、僕はフランスに行って、ショートケーキのことも、日本でつくっていた菓子のこともすっぱり忘れることにしたんです。それはフランスで目にした菓子が、あまりにも当時の日本の菓子とは違っていたから。いわゆる日本の〝洋菓子〟は、フランスの〝パティスリー〟とは別ものでした。菓子自体はもちろん、材料の質から表現、考え方、職人の働き方まですべてが違った。日本のふわふわ、しっとりとしたスポンジ

生地と、フランスのほろっとしていて粉の風味が感じられる、存在感のあるジェノワーズが違うみたいにね。日本の考えを引きずっていたら、フランス人に絶対についていけない、と思いました。だからパティシエとして、フランス菓子の感覚をまっさらなところから体にしみ込ませていくことにしたんです。

## ショートケーキではなく、ビスキュイ・オ・フリュイ。フランス菓子らしい表現方法を追求

「オーボンヴュータン」には、いわゆるショートケーキはありません。日本的な洋菓子に抵抗しているわけではないけれど、フランスのパティスリーでショートケーキはつくっていなかったし、自分の店の構想にまったくなかったから。でも開店当初は、僕がつくるプラリネやパート・ダマンドを使った菓子なんて、全然売れなくてね。お客さんからは口をそろえたように「ショートケーキはないんですか？」って言われるし、女房もつくれ、つくれって。開店から2～3年経ってついに観念して、「ビスキュイ・フレーズ」を出したんですよ。ジェノワーズに生クリームとイチゴを挟んでね。ただし生地は、水分を残してしっとり、卵色に焼き上げる日本的なものとはまったく違います。ふわっと大きく膨らませた気泡に粉をまとわせてつないで、水分を飛ばして弾力が出るまで焼き上げた、フランス流のジェノワーズ。ジェノワーズに打つシロップの糖度も、ボーメ30度のシロップに同量のお酒を加えた、フランス菓

クレーム・パティシエールとクレーム・シャンティイを3対1の割合で合わせたコクのあるクレーム・ディプロマットと、数種類の季節のフルーツを、イチゴを漬けて風味付けしたオー・ド・ヴィ「アンフュージョン・ド・フレーズ」入りのシロップを軽く打ったジェノワーズで挟んだ。上面は濃厚なクレーム・シャンティイ。

Biscuit aux Fruits

子の甘さの基本といえるボーメ18度だから、僕としてはこの菓子はショートケーキとは違うんです。でも女房は、カッコ書きでショートケーキって書いて喜んで販売していました（苦笑）。それなりに売れて一番人気になったけれど、僕はやっぱり嫌で、嫌で。

それで発売から10年くらい経った時、反対を押し切って「ビスキュイ・オ・フリュイ」に変えたんです。フルーツはイチゴだけでなくフランボワーズやキウイ、バナナも使って、間に挟むクリームもクレーム・ディプロマットにして。これがまた、2～3年は全然売れなかった（笑）。でも、意地になって出していて、今もつくり続けています。クリスマスの時期や特別なオーダーを受けた時だけはイチゴだけでもつくりますけれど、生地やクリーム、シロップは同じです。

「パティシエならば、ショートケーキはつくるもんじゃないよ」と言うつもりはありません。それは、本人が自分の店でどういう表現をするかによるから。ただ、フランス菓子屋を名乗るならば、やはり名前も製法やスタイルも、フランス菓子っぽいものをやったらって僕は思います。ドイツ菓子、イタリア菓子、ウィーン菓子、イギリス菓子……。それぞれにそれぞれの表現方法がある。○○菓子屋と名乗っているのに、いろんな国の菓子をごちゃごちゃに販売していたら、いったい何屋だよってことになっちゃう。フランス菓子屋なら、「ビスキュイ・フレーズ」かもしれないし、「シャンティイ・フレーズ」かもしれない。でも、「ショートケーキ」は違うよって思っちゃうんです。僕としてはね。

# Biscuit aux Fruits

ビスキュイ・オ・フリュイ

［ 材料 ］

7 × 3cm・12 個分

**ジェノワーズ・オルディネール**
*génoise ordinaire*

約 40 × 30 ×高さ 5cm の天板・1 枚分

- 全卵　*œufs entiers*　5 個
- グラニュー糖　*sucre semoule*　200g
- 薄力粉　*farine ordinaire*　200g
- 溶かしバター（約 35℃に調整する）
  *beurre fondu*　100g

**クレーム・ディプロマット**　*crème diplomate*

- クレーム・パティシエール
  （→「基本」p162）　*crème pâtissière*　175g
- 板ゼラチン　*gélatine en feuilles*　2g（1 枚）
- クレーム・シャンティイ *
  （→「基本」p162）　*crème chantilly*　58g

＊ 8 分立てにする。

**シロップ**　*sirop d'imbiber*

- ボーメ 30 度のシロップ（→「基本」p169）
  *sirop à 30° Baume*　50g
- アンフュージョン・ド・フレーズ
  *Infusion de fraise*
  （カルトロン「ジャックドラパユ アンフュジョン ドゥ フレーズ 31°」）　50g

※上記の材料を混ぜ合わせる。

**ガルニチュール**　*garniture*

- バナナ *[1]　*bananes*　適量 Q.S.
- キウイ *[1]　*kiwis*　適量 Q.S
- イチゴ *[2]　*fraises*　適量 Q.S
- フランボワーズ *[3]　*framboises*　適量 Q.S
- ブルーベリー　*myrtilles*　適量 Q.S

＊ 1 それぞれ皮をむいてスライスする。
＊ 2 ヘタの部分を切って縦にスライスする。
＊ 3 縦半分に切る。

**クレーム・シャンティイ ***
（→「基本」p162）　*crème chantilly*　約 150g

**イチゴ**（縦 1/4 に切る）　*fraises*　適量 Q.S

**グロゼイユ**（白）　*grosseilles branches*　適量 Q.S

**グロゼイユ**（赤）　*grosseilles rouges*　適量 Q.S

**ブルーベリー**（横半分に切る）　*myrtilles*　適量 Q.S

**ナパージュ・ヌートル**
（→「基本」p164）*nappage neutre*　適量 Q.S

＊ 8 分立てにする。
※フルーツは季節に応じて彩りを考えながら変える。

## ジェノワーズ・オルディネールをつくる

1

ミキサーボウルに全卵とグラニュー糖を入れ、ホイッパーを付けたミキサーで、高速で8分立て直前（全体が泡立ってきた状態）になるまで撹拌する。中速に切り替えてきめをととのえながら、つやが出て、ホイッパーですくうとゆるめのリボン状に生地が流れ落ちる状態（8分立てくらい）になるまで泡立てる。

※しっかり泡立てると、**2**の工程で加える薄力粉をなじませるために入念に混ぜなくてはいけなくなって、グルテンが形成されすぎて焼成時に膨らみにくくなり、仕上がりも固めになってしまうので注意。

2

ふるった薄力粉を加えながら、底からすくい上げるようにして手でざっと混ぜる。

3

約35℃に調整した溶かしバターを加え、粉けがなくなり、つやが出てとろりとした状態になるまで混ぜる。

4

ショートニング（分量外）を少量付けてオーブンシートを敷いた39.2×30.4×高さ5cmの天板に流す。天板を軽く作業台に打ちつけ、カードでざっと平らにする。

5

上火・下火ともに160℃のオーブンで約1時間30分焼成する。天板の側面内側と生地の間にペティナイフをさし込み、網の上に裏返して天板をはずす。そのまま室温に置いて粗熱をとる。ラップフィルムで包んで冷蔵庫に1晩置く。

## クレーム・ディプロマットをつくる

1

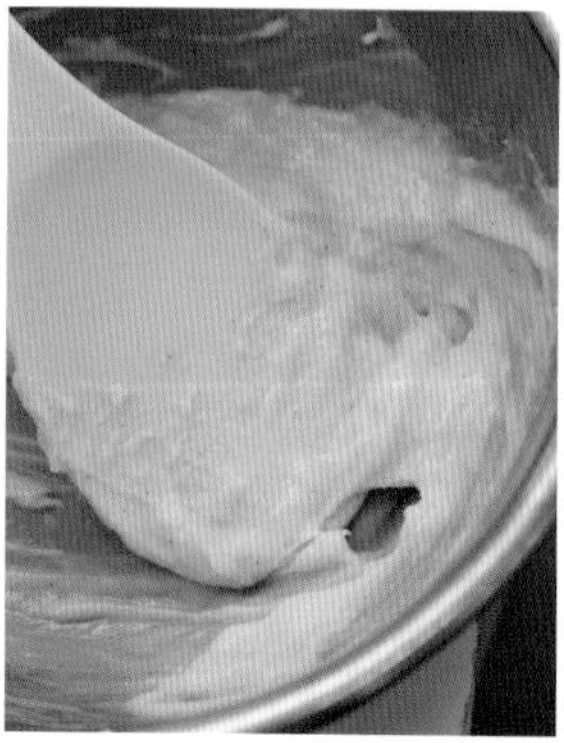

ボウルにクレーム・パティシエールを入れ、ヘラでなめらかになるまで混ぜる。

2

別のボウルに水でもどした板ゼラチンを入れ､湯煎にかけて溶かす。これを**1**に加え、ヘラでよく混ぜる。しっかり泡立てたクレーム・シャンティイを加える。

3

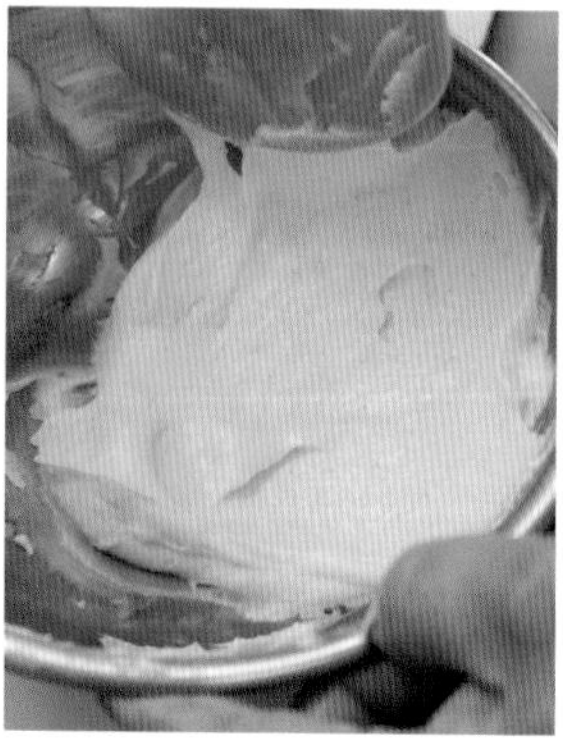

全体が均一になるまでカードで混ぜる。

## 組立て・仕上げ

1

ジェノワーズ・オルディネールのオーブンシートをはがし、厚さ1cmにスライスしたのち、縦と横に波刃包丁を入れて4等分に切り分ける（約19.5×15cmの生地が4枚できる）。そのうち2枚を使い、1枚にシロップを約3分の1量刷毛で打つ。

2

シロップを打った生地にクレーム・ディプロマットを半量のせ、パレットナイフで平らに塗り広げる。

3

ガルニチュールを隙間があきすぎないように彩りよく並べる。

4

残りのクレーム・ディプロマットを**3**にのせ、パレットナイフで平らに塗り広げる。

5

**1**の残りの1枚にシロップを約3分の1量刷毛で打ち、上下を返して重ねる（シロップを打った面が下になる）。上から残りのシロップを打つ。

6

**5**の上面に泡立てたクレーム・シャンティイをのせ、パレットナイフで平らに塗り広げる。ペーニュ(デコレーション用のコーム)をサッと湯（分量外）にとおし、上面に押しあてながらすべらせて模様をつける。冷蔵庫で冷やす。

7

**6**を横長に置き、波刃包丁で四方の端を切り落とす。横に波刃包丁を入れて半分に切り（約18×7cmが2本できる)、幅3cmずつ縦に波刃包丁を入れて、7×3cmに切り分ける。

8

縦4分の1に切ったイチゴ、小房にした白と赤のグロゼイユ、横半分に切ったブルーベリーを飾り、それぞれに刷毛でナパージュ・ヌートルを塗る。

# Bûche de Noël

ブッシュ・ド・ノエル

# 薪の形をしたクリスマスケーキは フランスで学んだ定番のスタイルで

Bûche de Noël

僕が子どもの頃は終戦直後で、クリスマスを家で祝うなんてことはなかったですね。中学生の時、姉が「不二家」でクリスマスケーキを買ってきたことがありましたけれど、それはそれで感激しましたけど、本格的にクリスマスというものを感じたのは、１９６５年にパティシエとして「米津凮月堂」に勤めてからです。その頃はクリスマスケーキといったら、ショートケーキか、バタークリームのケーキの2種類。でも、つくる量が半端じゃなくて、そのすごさにただただびっくりでした。焼き上げたスポンジを取り板にのせてどんどん積み重ねて、その高さは天井に届くほど。缶詰のフルーツを挟んで、クリームを絞って、砂糖のサンタクロースや飾りをいっぱいのっけていました。クリスマスまでの4日くらいはみんなで徹夜してつくって、すごかった。あれはもう菓子屋の覚悟ですよ。

初めてブッシュ・ド・ノエルを見たのは、その翌年の66年頃だったと思います。誰かに噂を聞いたのかどうだったか忘れたけれど、「エスワイル」の大谷長吉さんの評判を知って、菓子の博覧会に出展されているというので行ってみたんです。そのなかにブッシュ・ド・ノエルがあって、その時はただ「面白いな」と思って。食べてはいないからね。

当時は日本の洋菓子はまだそんなに進んでいませんでしたから、大谷さんが店や展示会で見せてくれる菓子の世界は、自分がふだんつくっているいわゆる洋菓子とはまったく違っていて、特別でした。ガレット・デ・ロワもあれば、ミルフィーユやサクリスタンのような、しっかり焼き込まれたフイユタージュの菓子もあって、「これがフランス菓子か！」と。すごいインパクトでした。魅力を感じて、勉強したくて、何度も店に通いましたよ。大谷さんと内海安雄さんの共著の『洋菓子』（1963年、柴田書店刊）も買いました。フランス菓子のクラシックなベースの部分がきっちり書かれていて、フランスにも持って行ったんです。そこで初めて、この本に出ているのが、パティシエの基本書とされる『Traité de pâtisserie moderne（近代製菓概論）』と同じルセットで、大谷さんがその世界を日本で僕たちにそのまま見せてくれていたことに気づいて、感激してね。

## 本場のクリスマスは思いのほか静か。日本で経験した忙しさの20分の1

実際、フランスでクリスマスケーキといえばどこの菓子屋でもブッシュ・ド・ノエル一本でした。飾り方が店によってちょっと違う程度で、とにかく街中がブッシュ・ド・ノエル。その光景が僕の目には焼きついちゃってます。最初に働いた「シダ」では、ジェノワーズでクレーム・オ・ブールを巻いて、ヴァニーユ、ショコラ、マロン、モカ、プラクレーム・ド・マロンを加えたクレーム・シャンティイ・オー・マロンを、パート・ダマンド・クリュを配合したしなやかなビスキュイで巻いたブッシュ・ド・ノエル。切り株の切り口を模してガナッシュを絞り、表面をクレーム・マロンでおおって木目模様をつけ、メレンゲのキノコやチョコレート製のリースを飾った。

## Bûche de Noël

リネの5種類をつくっていました。オーソドックスですけれど、バター自体の風味がいいから、味としてはおいしかったですよ。

　でもね、フランスに行ったら「クリスマスはなんてヒマなんだろう」って、驚いて。感覚的には日本で経験した忙しさの20分の1くらい。1軒でブッシュ・ド・ノエルを300台くらいしかつくっていなかったのか、「へ？　これでおしまい？」って感じでした。町に出たって、フランスではクリスマスは家族で過ごす日ですから、すごく静かで。シャンゼリゼ（大通り）とかデパートのまわりとかは、イルミネーションされていましたけれど、それ以外はとくに何も。12月24日に教会に行っても若い人はあまりいなかったし、日本のように飲み歩く人もいなかったし、楽しい思い出はほとんどないですね。

　「オーボンヴュータン」を開いてからも、僕にとってのクリスマスケーキは変わらず、ブッシュ・ド・ノエルです。女房にさんざん言われたから、ビスキュイ・フレーズも少しだけつくりますけどね。ブッシュ・ド・ノエルは、ビスキュイでクリームを巻いて薪のようにデコレーションして、蔦や赤い実、キノコで飾るというフランスで学んだとおりのかたちでやっています。やはりそれが本来の姿だろうと思うし、体にしみ込んでいるのならそれをやるべきだと思うしね。そういうのが伝統なんじゃないかなって。クリームに木目模様をつけるのも、口金で絞るよりも昔ながらのペーニュ、いや、ペーニュなんて当時はなかったからフォークのほうが、ナチュールな感じでいいと思うんですよ、僕は。

# Bûche de Noël

ブッシュ・ド・ノエル

[ 材料 ]

長さ 18cm・4 台分

ビスキュイ・ダマンド *biscuit d'amandes*

約 40 × 30cm の天板・2 枚分

パート・ダマンド・クリュ（室温にもどす）（→「基本」p166） *pâte d'amandes crue* 150g

全卵 * *œuf entier* 1 個

卵黄 * *jaunes d'œufs* 4 個分

粉糖 *sucre glace* 100g

卵白 *blanc d'œufs* 120g

グラニュー糖 *sucre semoule* 12g

薄力粉 *farine ordinaire* 95g

溶かしバター（約 35℃に調整する） *beurre fondu* 37.5g

＊合わせて溶きほぐす。

クレーム・マロン *crème marrons*

パート・ド・マロン *pâte de marrons* 500g

バター（角切りにする） *beurre* 200g

牛乳 *lait* 50g

ラム酒 *rhum* 25g

ムラング・イタリエンヌ（→「基本」p169） *meringue italienne* 75g

クレーム・シャンティイ・オー・マロン

*crème chantilly aux marrons*

生クリーム（乳脂肪分 47％） *crème fraîche 47% MG* 200g

クレーム・ド・マロン（マロンロワイヤル「クレムドマロン」） *crème de marrons* 200g

クレーム・ショコラ *crème chocolat*

クレーム・オ・ブール（→「基本」p161） *crème au beurre* 100g

ガナッシュ（→「基本」p161） *ganache* 100g

パート・ド・カカオ（溶かす） *pâte de cacao* 10g

色粉（緑、黄、赤）

*colorant*（*vert, jaune, rouge*） 各適量 Q.S.

コーヒーエッセンス（→「基本」p163）

*extrait de café* 適量 Q.S.

水 *eau* 適量 Q.S.

チョコレート製のリースの飾り

*décoration de chocolat* 4 個

チョコレート製のプレートの飾り

*décoration de chocolat* 4 個

ムラング・イタリエンヌ製のキノコ *

*champignons de meringue italienne* 4 個

ヒイラギと鈴の飾り *décoration de noël* 4 個

きこりの飾り *décoration de noël* 4 個

チョコレート製の柵の飾り

*dération de chocolat* 4 個

飾り用のチョコレートの薄板

*décoration de chocolat* 適量 Q.S.

＊キノコは、ムラング・イタリエンヌを口径 10mm の丸口金を付けた絞り袋に入れ、天板に円錐状に絞る。その上に重ねて球状に絞り出し、カカオパウダーをふって、40 〜 45℃のホイロに 1 晩入れて乾燥させる。

## ビスキュイ・ダマンドをつくる

1

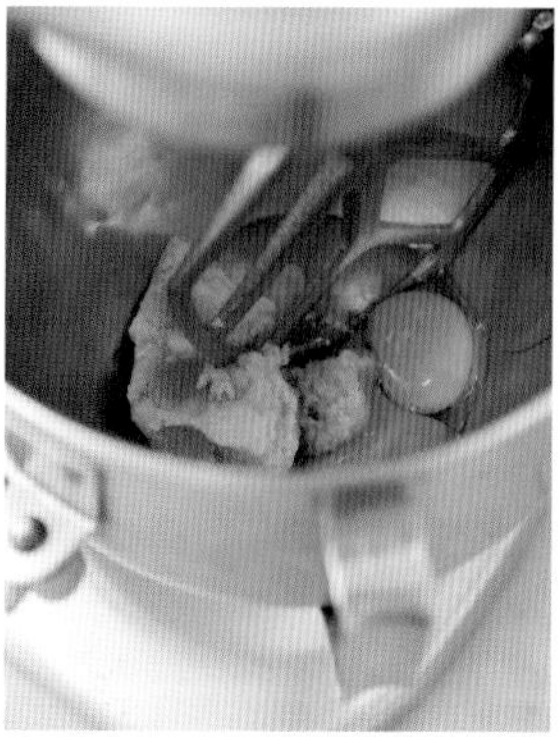

ミキサーボウルに室温にもどしたパート・ダマンド・クリュと、合わせて溶きほぐした全卵と卵黄の3分の1量を入れ、ビーターを付けたミキサーで、中速で撹拌し、全体をなじませる。

2

低速にしてふるった粉糖を加え、ふたたび中速で粉けがなくなるまで混ぜる。いったんミキサーを止めて、ボウルの内側側面やビーターに付いた生地を払う。ふたたび中速で撹拌し、白くもったりとした状態になるまで泡立てる。

3

**1** の残りの全卵と卵黄を半量ずつ2回に分けて加え、そのつど中速で白くもったりとした状態になるまで泡立てる。リボン状に生地が流れ落ちる状態になればOK。

※高速で泡立てると混ざり切らず、焼成時にダマとなって固い芯ができてしまうので、中速でじっくりと泡立てる。

4

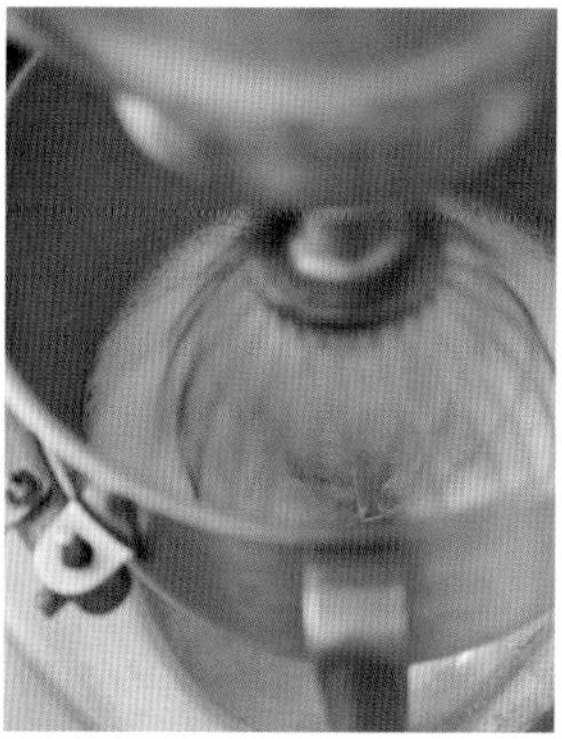

**3** と並行して、別のミキサーボウルに卵白を入れ、高速で泡立てる。5〜6分立てになったら、グラニュー糖を少しずつ加えながらしっかりと泡立てる。

5

**3** にふるった薄力粉を加え、**4** をカードで2すくい加えて手で混ぜる。残りの **4** を加えて手でざっと混ぜる。

6

溶かしバターを加え、ムラがなくなってつやが出るまで混ぜる。

7

38.4 × 29.2cm のオーブンシートを 2 枚、作業台の上に短辺の端を 1cm 程度重ねて横並びに置き、左端に **6** を流す。右端に向かってラクレット・パスカル（またはパレットナイフ）を動かして平らにのばし、厚さ 8mm にする。

8

約 40 × 30㎝の天板に **7** をオーブンシートごと 1 枚ずつのせ、上火・下火ともに 230℃のオーブンで約 7 分焼成する。焼き上がったらオーブンシートごと網にのせ、室温で冷ます。

## クレーム・マロンをつくる

1

ミキサーボウルにパート・ド・マロンを入れ、ビーターを付けたミキサーで、低速で撹拌する。すぐに角切りにしたバターを加え、なめらかで均一な状態になるまで混ぜる。

2

牛乳とラム酒を合わせて **1** に加え混ぜ、高速に切り替えてしっかりと泡立てる。

※しっかり泡立てて空気を含ませないと、重たいクリームになってしまう。

3

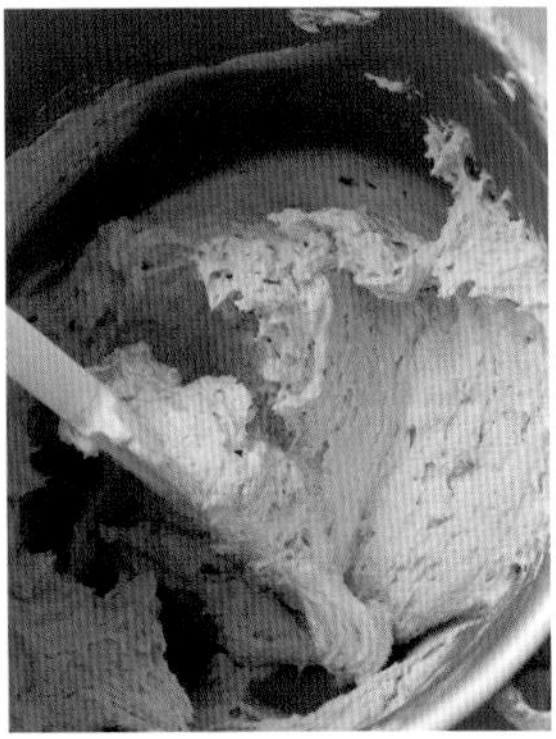

ムラング・イタリエンヌを加えてゴムベラで混ぜる。

## クレーム・シャンティイ・オー・マロンをつくる

1

ボウルに生クリームを入れ、泡立て器で混ぜて6分立てにする。

2

別のボウルにクレーム・ド・マロンを入れ、**1**をひとすくい加える。ボウルの底を氷水にあてながら、ヘラでよく混ぜる。残りの**1**を加え、同様にしてヘラで混ぜる。

## 組立て1

1

ビスキュイ・ダマンドを裏返し、オーブンシートをはがす。このオーブンシートの上にビスキュイ・ダマンドを焼き面が上になるようにしてのせる。横長にして作業台に置く。

2

**1**にクレーム・シャンティイ・オー・マロンを1枚につき200gのせ、L字パレットナイフで薄く平らにのばす。

※巻き始めとなる手前側は、クリームを若干薄くしておくと巻きやすくなる。

3

生地の手前側から、パレットナイフで横に2本、約1cm幅に筋を入れる。

4

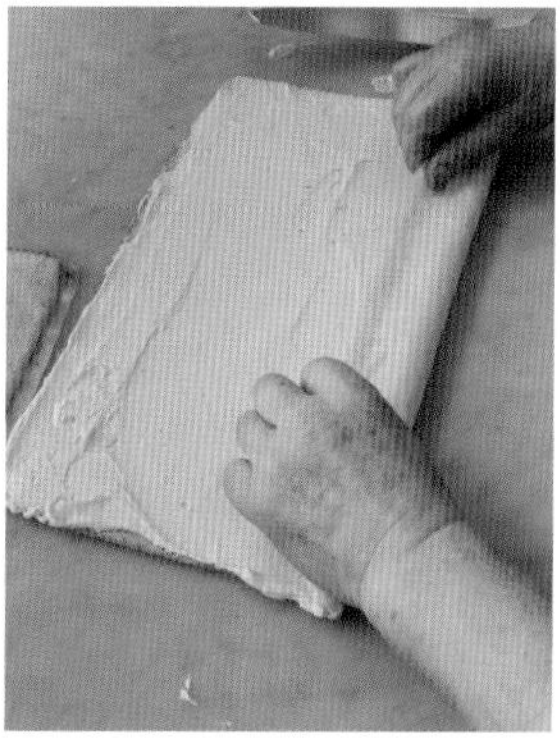

オーブンシートを持ち上げながら生地を巻く。巻き終わったらオーブンシートでおおい、形をととのえて、ゆるまないようオーブンシートを引きながら締める。そのまま冷蔵庫で冷やす。

## クレーム・ショコラをつくる

1

ボウルにクレーム・オ・ブールを入れ、ガナッシュと溶かしたパート・ド・カカオを順に加えて、そのつど泡立て器で均一な状態になるまで混ぜる。

## 組立て2・仕上げ

1

＜組立て1＞の**4**を作業台に置き、オーブンシートをはずす。波刃包丁で両端を切り落とし、長さ18cmに切り分ける。

2

**1**で切り落とした端を半分に切る。**1**の上部2ヵ所にクレーム・マロンをパレットナイフでたっぷりと付け、半分に切った端を1つずつ接着する。

※端の部分は、幹から切り落とした枝の根本をイメージしている。

3

**2**の表面にクレーム・マロンをパレットナイフで塗り、全体をおおう。

4

クレーム・マロンを口径10mmの丸口金を付けた絞り袋に入れ、両側の切り口の縁と、**2**でのせた端の切り口の縁にぐるりと1周絞る。

5

クレーム・ショコラを口径10mmの丸口金を付けた絞り袋に入れ、**4**のそれぞれの中央に丸く絞る。

6

ペーニュをさっと湯にとおし、**5**でクレーム・ショコラを絞った部分は残して表面に木目模様をつける。ナイフできれいに切れる固さになるまでショックフリーザーで冷やす。

7

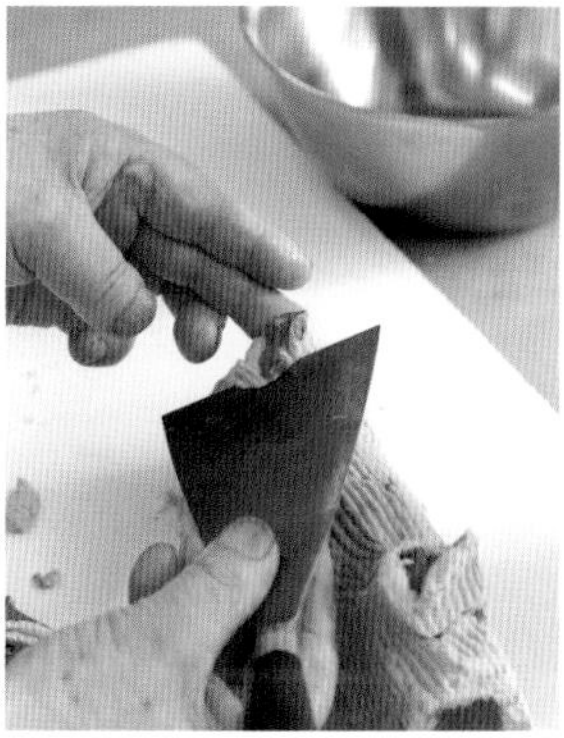

三角パレットをさっと湯にとおして、両側の切り口に塗った2種類のクリームの表面を垂直に切り落とし、**2**でのせた端の切り口に塗ったクリームの表面もまっすぐ切って余分なクリームを落とす。

8

ボウルに残りのクレーム・マロンを少量入れ、水で溶いた緑と黄の色粉、コーヒーエッセンスを加えて着色する。コルネに入れて先を細く切り、**8**の表面に絞って蔦のつるを描く。その後、コルネの先を山形に切り、葉の形に絞る。

9

別のボウルに残りのクレーム・マロンを少量入れ、水で溶いた赤の色粉を加えて着色する。コルネに入れ、**9**の葉の上に赤い実のように丸く絞り出す。

10

チョコレート製のリースとプレート、ムラング・イタリエンヌ製のキノコ、ほかの飾りをあしらう。

# Petits Fours

## プティ・フール

Petits Fours

# プティ・フールはアソルティが大前提。一つひとつ異なる魅力をもつ小菓子の集合体

プティ・フールは、僕がフランスで働いていた頃は、どこの店でも当り前につくっていて、やっていないほうがおかしいくらいの菓子でした。フレ（生菓子）、ドゥミ・セック（半生の焼き菓子）、フール・セック（乾いた焼き菓子）、サレ（塩味の菓子）とジャンルごとにいろいろな種類がそろっていて、ショーケースに並べられた様子がとってもきれいで。

使われる用途としていちばん多かったのは、バンケ（宴会）です。とくに「ポテル・エ・シャボー」でつくっていた量はものすごかった！カロリーヌ（小さなエクレール）だけでも1000個くらいつくっていて、朝2時頃に出勤してずっとフォンダンをかけ続けるんです。色も形も味も食感もさまざまなプティ・フールが、大皿に盛り付けられると本当に華やかで、見ているだけでも楽しくなって。自分のなかでプティ・フールのイメージが固まったのは、この時期だったのではないかと思います。

プティ・フールってつまんで食べられる、いわゆるひと口サイズの小菓子のことなのですけれど、菓子を小さくつくったらなんでもプティ・フールと呼べるかっていったら、そうではないんです。まず、アソル

ティ（アソート）で目も舌も楽しませるものでなくてはならないし、ひと口食べて味も香りもはっきり、力強く感じられるものでなくてはならない。プティ・フールにふさわしい専用の生地を使うこともありますし、とくにフレは、フォンダンやジュレで細かい細工を施すことも求められます。手間もかかるし、知識や技術も必要とされる。それが、アントルメやプティ・ガトーとは違う、プティ・フールの魅力だと思います。

## プティ・フール・セックとクッキーは別もの。おいしくつくるための方法論はそれぞれ違う

僕の店では、フレ、ドゥミ・セック、フール・セック、サレのプティ・フールをそれぞれ詰合せにして販売していますが、断トツで人気が高いのはフール・セックですね。サブレ、パート・シュクレ、ラング・ド・シャ、シガレット、フイユタージュ、チュイル、メレンゲと、使う生地は味や食感の違うものをいろいろ。そこにナッツや自家製のコンフィチュール、プラリネ、ガナッシュ、ジュレなんかを合わせてさらにバリエーションを広げて、一つひとつの味と香りをしっかり出すようにしています。既製の副材料を買って使えば簡単だけれど、味や香りが薄かったり、色もきれいじゃなかったりして、自分の表現を出し切れなくなってしまうのでね。日持ちする菓子と考えずに、毎日焼いてフレッシュな状態で提供することも大事です。日にちが経っても食べられるけれど、風味や食感は確実に劣化していきますから。

くるんと巻いた生地にヘーゼルナッツのプラリネを詰めた「コルネ・プラリネ」、キャラメリゼしたフイユタージュがこうばしい「プレオール」、ローマジパンを絞ったアーモンド風味のパート・シュクレにグロゼイユのジュレを流した「ディスク・グロゼイユ」など、多彩な味と形、食感の小菓子を詰め合わせたプティ・フール・セック。

## Petits Fours

プティ・フール・セックはよく「クッキー」と言われますけれど、僕としては、「クッキーとは違うんじゃないの？」と思っています。まあ、僕にはクッキーをつくった経験がないから、実際のところはわからないですけど。ただ、プティ・フール・セックというものはかならずアソルティであって、種類が豊富で、一つひとつが食べやすい固さにつくられています。それに対してクッキーは、けっこう大きめのものもあるし、どれも味や香り、食感が似ていて、どちらかというと固いイメージがあって、1種類で売られていることも多いですよね。だから、やっぱりプティ・フールとは違うと思う。クッキーにはクッキーなりの、おいしくつくるための方法論や意識がちゃんとあるはずで、それはプティ・フール・セックのそれらとは違うし、同じにするべきではないと僕は思っています。

　今でも思い出すのは、アルザス地方のミュールーズにあった、「カプリス」という店のプティ・フール・セックです。あれはすばらしかった！　生地の種類もいろいろあって、コンフィチュールを挟んだり、フリュイ・コンフィを混ぜたり飾ったりしていてね。ほとんどが焼きっぱなしでシンプルだったパリのプティ・フール・セックとは違って、とっても華やかで、バリエーションに富んでいて、職人の高い技術と熱い思いを感じました。すごく感激して、僕自身のプティ・フール・セックをつくるうえでのベースにもなりました。ああいうすばらしい仕事で感動させてくれる店が少なくなってしまったのは本当に惜しいですよね。

# Cornets Pralinés

コルネ・プラリネ

［ 材料 ］

約160個分

パータ・シガレット *pâte à cigarette*

バター *beurre* 75g

グラニュー糖 *sucre semoule* 81g

タン・プール・タン

（→「基本」p163） *T.P.T.* 46g

卵白＊ *blancs d'œufs* 100g

薄力粉 *farine ordinaire* 75g

＊卵白は鮮度がよいものを使用すると縮むので、
鮮度が高すぎないものを使用する。

プラリネ・オー・フール・セック
（→「基本」p168） *praliné aux fours secs*
適量 Q.S.

アーモンドダイス
*amandes hachées* 適量 Q.S.

ボーメ30度のシロップ（→「基本」p169）
*sirop à 30° Baume* 適量 Q.S.

ホウレン草のパウダー *poudre d'épinard*

適量 Q.S.

※アーモンドダイスをごく少量のボーメ30度のシロップに絡めてからホウレン草のパウダーでおおい、室温で乾燥させる。

## パータ・シガレットをつくる

1

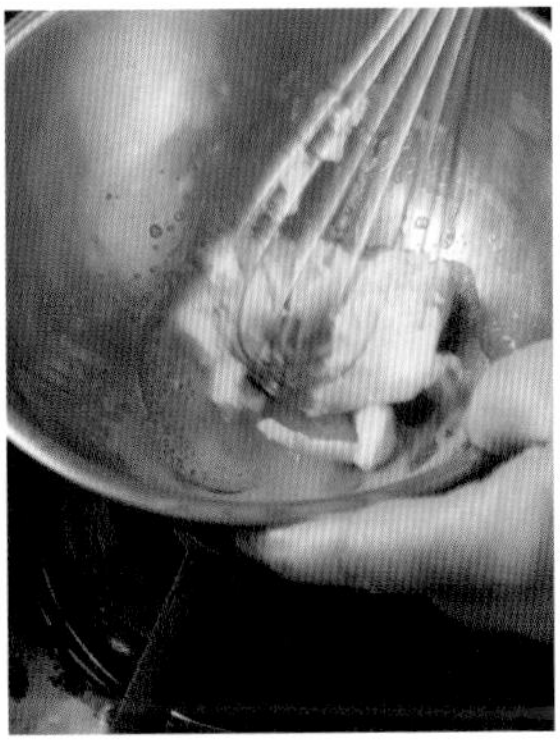

ボウルに冷やしたバターを適当な大きさに切って入れる。ボウルの底をさっと直火にあてたり、はずしたりしながら少し流動性があってとろりとやわらかいポマード状になるまで泡立て器で混ぜる。

2

グラニュー糖を加え、空気を入れないようにすり混ぜる。タン・プール・タンを加え、すり混ぜる。

3

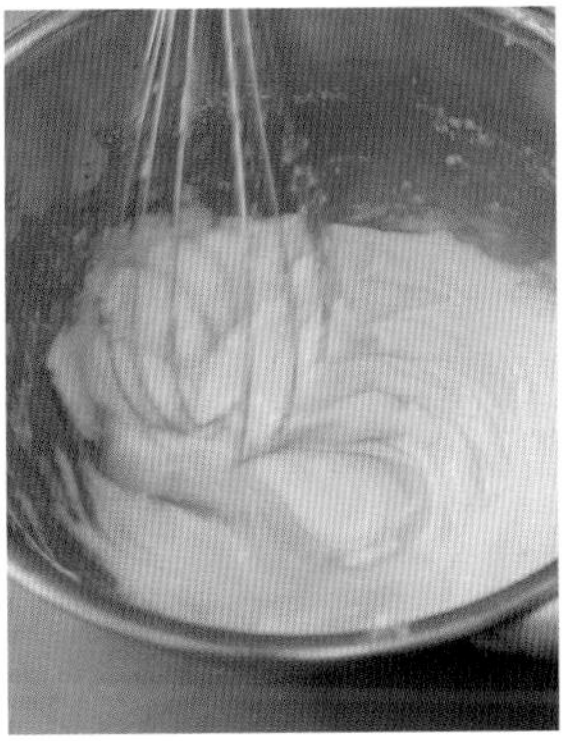

卵白を3回程度に分けて加え、そのつど生地がしっかりつながるまですり混ぜる。

4

ふるった薄力粉を加え、すり混ぜる。

5

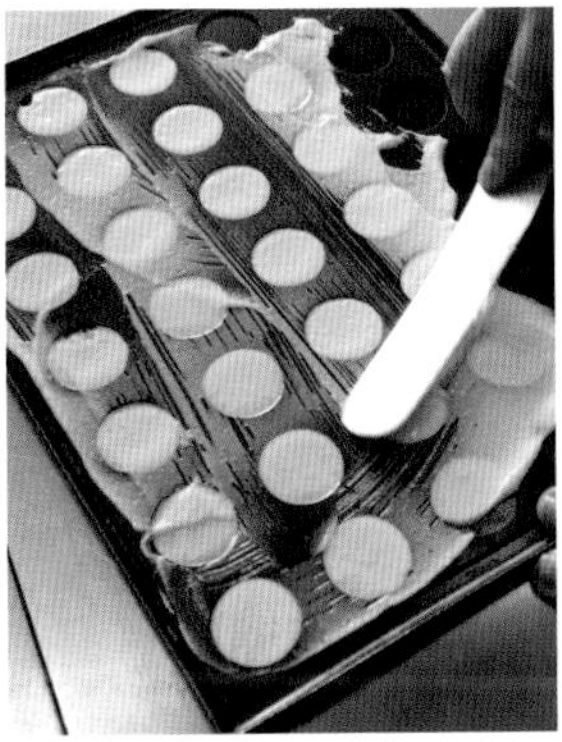

フッ素樹脂加工の天板にショートニング（分量外）を薄く塗り、直径3.5cm×厚さ2mmの円形のシャブロン型を置く。**4**をパレットナイフで適量取ってのせ、均等にすり込んで型をはずす。

6

上火・下火ともに200℃のオーブンで約6分焼成する。

※使用したシャブロン型は、1枚あたりパータ・シガレットが35枚焼けるので、口径3×長さ8cmのコルネ型を35個用意する。限られたコルネ型を利用したこのあとの**7・8**の作業がスムーズに行えるよう見計らって、天板ごとに時間をずらして焼成すること。

# 仕上げ

1

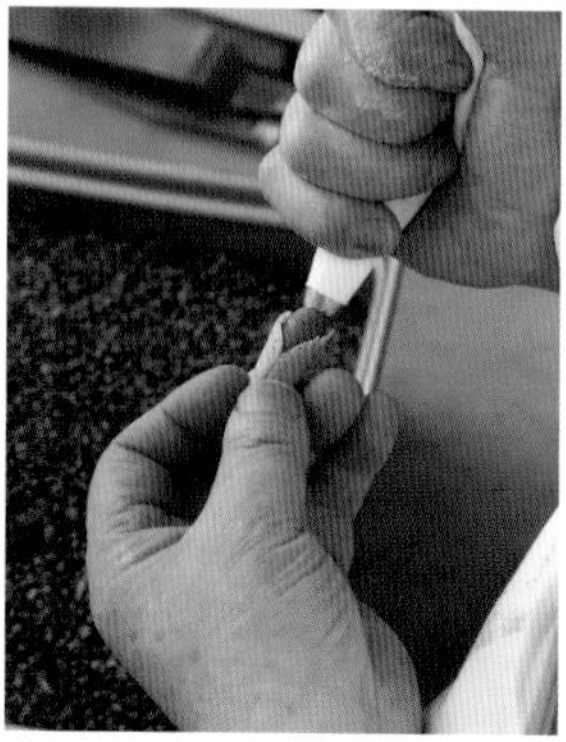

口径7mmの丸口金を付けた絞り袋にプラリネ・オー・フール・セックを入れ、パータ・シガレットの中に絞り込む。

2

ホウレン草のパウダーで着色したアーモンドダイスをバットに入れ、**1**のプラリネを押し付ける。

3

天板に並べて室温に1晩置いて固める。

7

焼き上がったらすぐに小さい三角パレットで天板から生地をはがす。焼き面が外側になるように手ばやくくるんと巻いてコルネ型にさし入れ、室温に置く。

8

粗熱がとれたらすぐに固まるので、コルネ型を上からポンッと手で叩いてから逆さまにし、型からはずす。

# Miroirs

ミロワール

［ 材料 ］

38 個分

生地　*pâte*

卵白　*blancs d'œufs*　50g

グラニュー糖　*sucre semoule*　20g

タン・プール・タン＊（→「基本」p163）
*T.P.T.*　100g

薄力粉＊　*farine ordinaire*　10g

＊合わせてふるう。

クレーム・ダマンド（→「基本」p162）
*crème d'amandes*　適量 Q.S.

グラサージュ・ダブリコ（→「基本」p161）
*glaçage d'abricot*　適量 Q.S.

グラス・ア・ロー（→「基本」p161）
*glace à l'eau*　適量 Q.S.

アーモンドダイス　*amandes hachées*
適量 Q.S.

## 生地をつくる

1

ミキサーボウルに卵白を入れ、6分立て程度に泡立つまで高速で攪拌する。グラニュー糖を少しずつ加え、しっかりと泡立つまで攪拌を続ける。

2

**1** に合わせてふるったタン・プール・タンと薄力粉を加えながら、ゴムベラで少しつやが出てムラがなくなるまで、よく混ぜる。

3

口径 9mm の丸口金を付けた絞り袋に **2** を入れ、フッ素樹脂加工の天板の上に長径約 4 × 短径約 2cm の楕円形に絞る。

4

**3** の天板の端にアーモンドダイスをたっぷりのせ、天板を傾けながらポンポンと軽く持ち上げてアーモンドダイスをもう一方の端へと移動させ、すべての生地にアーモンドダイスをまぶし付ける。

5

口径 5mm の丸口金を付けた絞り袋にクレーム・ダマンドを入れ、**4** の中央に長さ 2cm 程度にまっすぐ絞る。

6

上火・下火ともに 180℃のオーブンで約 23 分焼成する。焼き上がったら室温に置いて粗熱をとる。

# 仕上げ

1

鍋にグラサージュ・ダブリコを入れて火にかけ、沸騰させる。生地に絞って焼いたクレーム・ダマンドに刷毛で塗る。

2

**1**のグラサージュ・ダブリコの上にグラス・ア・ローを刷毛で薄く塗る。

※厚く塗ると、グラス・ア・ローが乾きにくくなり、時間が経つと溶けてシロップになってしまう。

3

上火・下火ともに180℃のオーブンで30秒ほど火を入れる。オーブンから出したら室温に置いて乾かす。

※乾かすと、ミロワール（鏡）のようなつやが出る。

# Langues aux Épices

ラング・オ・エピス

［ 材料 ］

約 38 個分

生地　*pâte*

バター　*beurre*　160g

粉糖　*sucre glace*　70g

塩　*sel*　2g

薄力粉＊　*farine ordinaire*　240g

タン・プール・タン＊

（→「基本」p163）　*T.P.T.*　108g

シナモンパウダー＊　*cannelle en poudre*　4g

ナツメグパウダー＊　*muscade en poudre*　2g

全卵（溶きほぐす）　*œufs entiers*　36g

＊合わせてふるう。

コンフィチュール・
フランボワーズ・ペパン（→「基本」p163）
*confiture de framboise pépines*　適量 Q.S.

ドリュール（全卵＋コーヒーエッセンス）
*dorure (œufs entiers + extrait de café)*　適量 Q.S.

クルミ（半割）　*noix*　約 19 個

## 生地をつくる

1

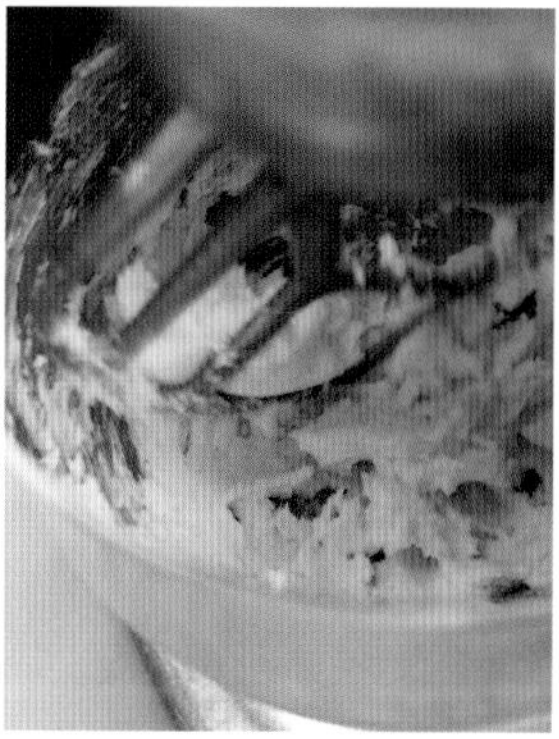

ミキサーボウルに冷やしたバターを3〜4つに割り、ビーターを付けたミキサーで、低速で撹拌して固めのポマード状にする。

2

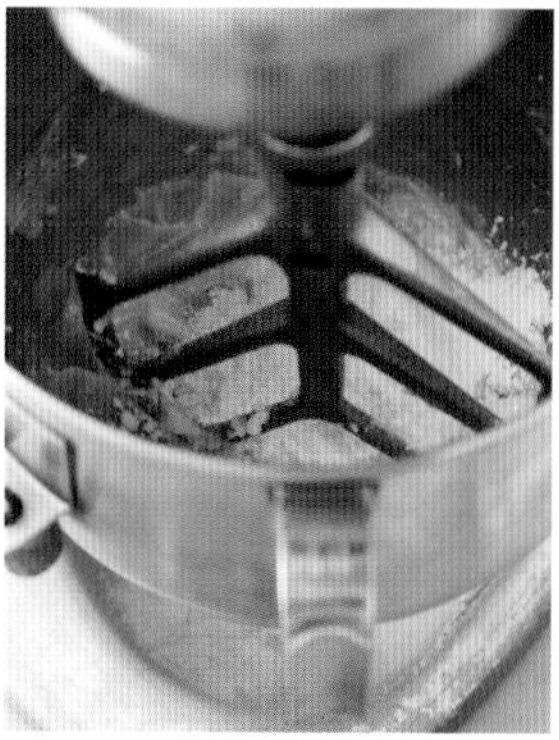

粉糖と塩を加え、ざっとなじませる。

3

合わせてふるった薄力粉、タン・プール・タン、シナモンパウダー、ナツメグパウダーを加え、粉けがなくなってボロボロとしたサブレ（砂）状になるまで撹拌する。溶きほぐした全卵を加え、ざっと混ぜる。

4

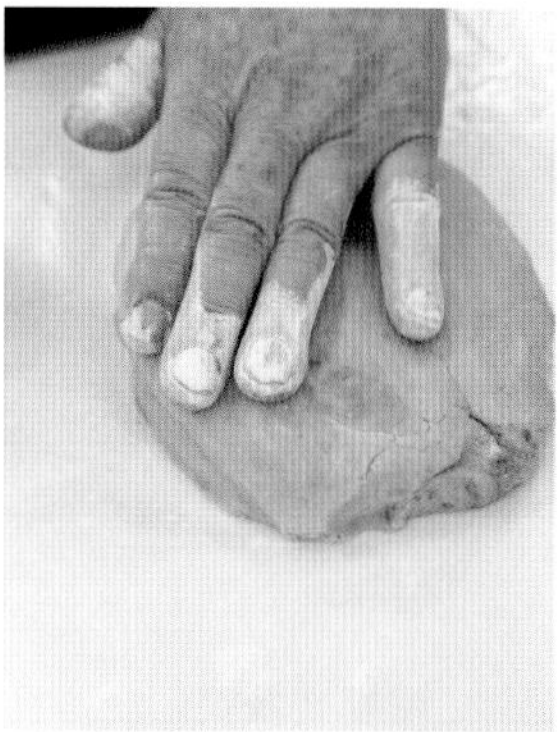

ミキサーから下ろし、カードで底からすくい上げるようにしながら軽く練り混ぜる。ひとまとめにしてラップフィルムで包み、冷蔵庫に約1時間置く。

※バターの配合が多いサブレ生地の1種。少しだけ練ってグルテンを形成させると、焼成時にダレない。

5

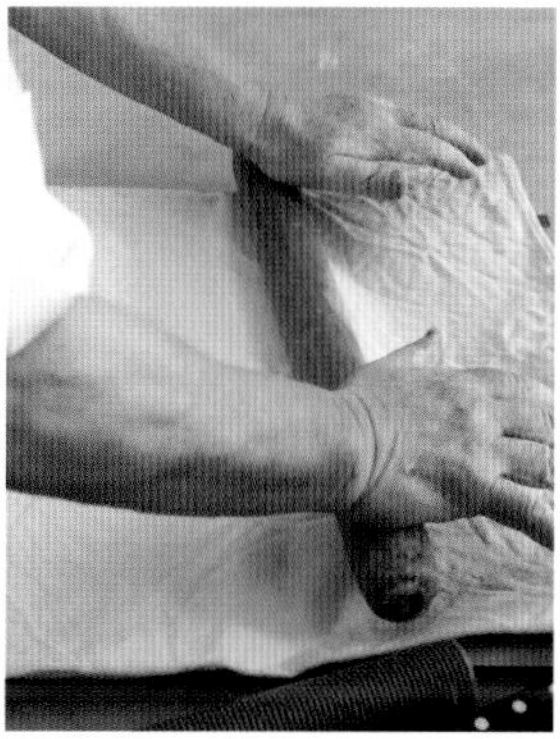

作業台にキャンバス地を敷いて打ち粉をふる。その上に**4**を置き、キャンバス地を折りたたんで上から麺棒を転がし、厚さ約5mmにのばす。

※やわらかく、くっつきやすい生地なので、軽く打ち粉をふり、時々キャンバス地をめくって生地をはがしながらのばすこと。

6

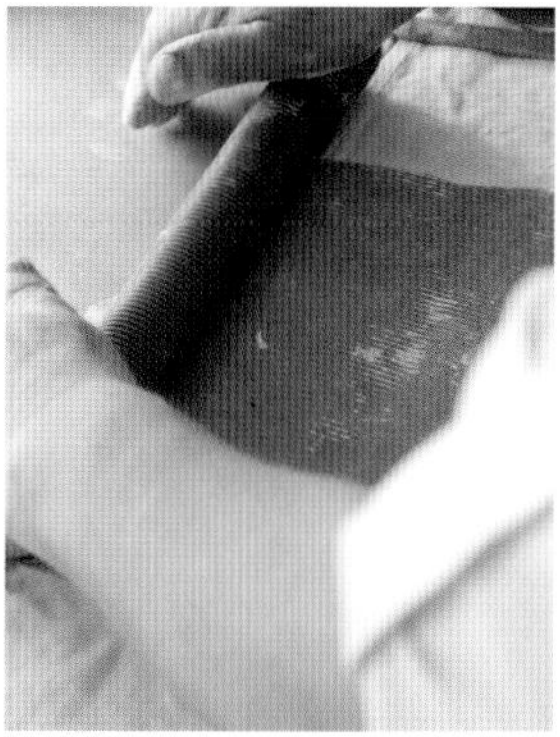

生地の両側に高さ3mmのバールを置き、それに合わせてカヌレ（筋模様）のついた麺棒を転がして模様をつけながら厚さ3mmに生地をのばす。

7

長径5×短径3.5cmの楕円形の抜き型で抜く。

※残った生地はまとめて**5・6**の工程と同様にのばし、ふたたび型で抜く（2番生地まで使用可）。

8

スプレーで水（分量外）を軽く吹き付けたフッ素樹脂加工の天板に**7**を並べる。ドリュールを刷毛で塗って、室温に置き、乾いたらもう一度ドリュールを塗る。

9

半割のクルミをさらに半分に切り、**8**の半数の生地の上面にのせて指で押し付ける。

※焼成時にクルミがはがれ落ちないよう、しっかりと押し付けること。

10

上火・下火ともに180℃のオーブンで約18分焼成する。焼き上がったらそのまま室温で冷ます。

## 仕上げ

1

クルミが付いていない生地を裏返して並べる。コンフィチュール・フランボワーズ・ペパンを口径9mmの丸口金を付けた絞り袋に入れ、裏返した生地に少量ずつ絞る（2gが目安）。

2

クルミが付いている生地をクルミが上になるように**1**に重ねて接着する。

# Vacherin

ヴァシュラン

# パリで学んだグラスの仕事には、菓子屋の技術のすべてが詰まっていた

菓子屋の仕事は、生菓子から焼き菓子、ヴィエノワズリー、ショコラ、コンフィズリー、グラスやソルベ（アイスクリームやシャーベット）、トレトゥール（そうざい）まで幅広いものです。それらすべてを網羅し、バラエティ豊かな品ぞろえでお客さんを楽しませる店こそ、パティスリー本来の姿だと、僕はずっと考えてきました。そのなかで、やりたいと強く願いながらも設備やスペースの関係上、本格的に手を出せずにいたのが、グラスの仕事でした。

しかし、ついに２０１５年の店の移転リニューアルを機に氷菓専用の厨房を設け、念願だったアントルメ・グラッセ（アイスクリームのアントルメ）ならぬ、アンディヴィデュエル・グラッセ（アイスクリームのプティ・ガトー）の販売を始めました。表現したいのは、僕がパリで学んだ味。最近のアントルメ・グラッセ（アンディヴィデュエル・グラッセも含めて）はセルクルを使うことも多くて、グラサージュをかけたり、フルーツやマカロンで飾ったり、僕の目には生菓子とあまり違いがないように見えます。内容もグラスとソルベ一辺倒であることがほとんど。それに対して僕が60年代末から70年代にパリで学んだものは、グラス・オ・ズフ（卵使用のアイスクリーム）、クレーム・グラッセ（卵不

## Vacherin

使用のアイスクリーム）、パルフェ・グラッセ、ムース・グラッセ、ボンブ・グラッセ、ヌガー・グラッセなど、ベースの種類がたくさんありました。配合や製法がまったく異なりますから、食感も味もさまざま。ビスキュイやジェノワーズ、ムラングなどとの組合せでも、表現の幅が広がります。また、いろんな形をした錫製のグラス専用の型があって、生菓子とは違う豊かな表現がされていました。今でも僕にとっては、そういう当時のアントルメ・グラッセがいちばん魅力的でおいしかったな、と思うんです。

そのおいしさを再現したくて、意気込んでパリへ専用の型を買いに行ったのですが、全然見つからなくて！　製菓道具店の若い店員に聞いてもわからないから、昔から勤めているおばちゃんをつかまえて聞いたんです。そうしたら、買う人がいないからもう全部捨てちゃって、今はアルミの型しかないって言うじゃないですか。まさか型がなくなっちゃうとはね。必死でパリ中を探しまわって、なんとかかき集めた数少ない型を今は大切に使っています。

### 菓子屋としての腕が試される魅力的で奥深い氷菓

グラスの仕事は、菓子屋の仕事のなかでも総仕上げにあたるものと言っていいと僕は思うんです。基本となるクレーム・アングレーズやパータ・ボンブがきちんと炊けていないとダメだし、理論どおりに糖度

フランスの伝統的なデザートを「オーボンヴュータン」流に。セルクルの側面に絞って乾燥焼きしたサクッと軽やかなムラング・フランセーズの筒をパート・シュクレ・オー・ザマンドにのせ、タヒチ産ヴァニラたっぷりのクレーム・グラッセと、アプリコットのピュレとボーメ30度のシロップを同割で合わせたソルベを詰めた。絞りの美しいクレーム・シャンティイも印象的。

を調整してつくらないと全体のバランスも口溶けも悪くなる。さらには、ショコラやアメ、焼き菓子など、菓子屋のあらゆる仕事に関わってきます。溶けたら終わりですから、生菓子以上に手際のよさが要求されますし、衛生面も注意してしっかりやらないといけない。つまりは、腕も知識も試されるというわけです。

そのことを深く学ばせてもらったのは、パリの「ポテル・エ・シャボー」でした。バンケ（宴会）の仕事が多くて、つくる量も種類もすごかった！ アントルメ・グラッセをつくる時には、厚いジャンパーのような上着を着て冷凍庫の中で作業しなくちゃいけなくて、2〜3時間もすれば体が冷え切ってしまう。型詰めも、窒素を下に流した冷たい桶の中でやっていましたから、冷たくってね。でも、そうやって辛い思いをしながら準備したものが、宴会でヌガティーヌやアメ細工のピエスと一緒に飾られると、それはもう見事でしたよ。

今は、そんな当時の記憶や氷菓の古い本から発想を得ています。とくに好きなのは、1768年刊行の『L'art de bien faire les glaces d'office（氷菓の上手な製造法）』。その中にある、天使たちがグラスをつくって天上の神さまに運んでいる挿絵も気に入っています。移転の時には、グラスづくりへの意気込みの表現として、この挿絵をモチーフにした絵を店の壁に描いてもらいました。今のものとはひと味もふた味も違う、40〜50年前に僕がパリで学んだグラスを今あらためてつくることで、若いパティシエたちにも、氷菓の仕事の幅の広さと表現の豊かさを感じてもらいたいと思います。

# Vacherin

ヴァシュラン

［ 材料 ］

直径約 7cm・24 個分

**クレーム・グラッセ・ヴァニーユ**
*crème glacée vanille*

牛乳　*lait*　966g
ヴァニラビーンズ＊　*gousse de vanille*　4.5 本
全脂粉乳　*lait entier en poudre*　58.5g
水アメ　*glucose*　75g
卵黄　*jaunes d'œufs*　60g
グラニュー糖　*sucre semoule*　210g
バター（きざむ）　*beurre*　123g
＊タヒチ産。縦に割いてサヤから種を出す。サヤも使う。

**パート・シュクレ・オー・ザマンド**
（→「基本」p166）　*pâte sucrée aux amandes*　約 400g

**ムラング・フランセーズ**　*meringue française*
卵白　*blancs d'œufs*　150g
グラニュー糖　*sucre semoule*　150g
粉糖　*sucre glace*　150g

**ソルベ・アブリコ**　*sorbet abricot*
アプリコットのピュレ　*purée d'abrocot*　500g
ボーメ 30 度のシロップ（→「基本」p169）
*sirop à 30° Baume*　400 ～ 500g
転化糖（トリモリン）　*trimoline*　50g
レモン果汁　*jus de citron*　25g

**クレーム・シャンティイ**＊（→「基本」p162）
*crème chantilly*　約 150g
＊8 分立てにする。

**ピスタチオ**（きざむ）　*pistache*　適量 Q.S.

## クレーム・グラッセ・ヴァニーユを仕込む

1

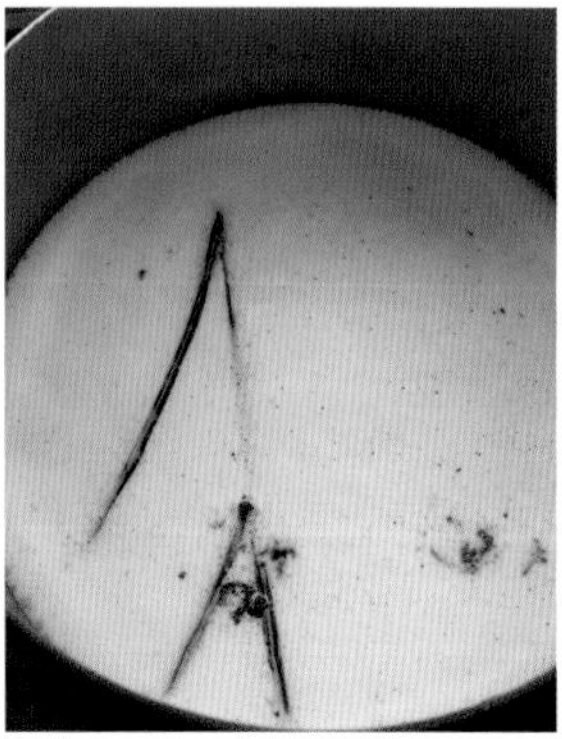

銅鍋に牛乳、ヴァニラビーンズのサヤと種、全脂粉乳、水アメを入れて強火にかけ、ゴムベラで混ぜながら沸騰させる。

2

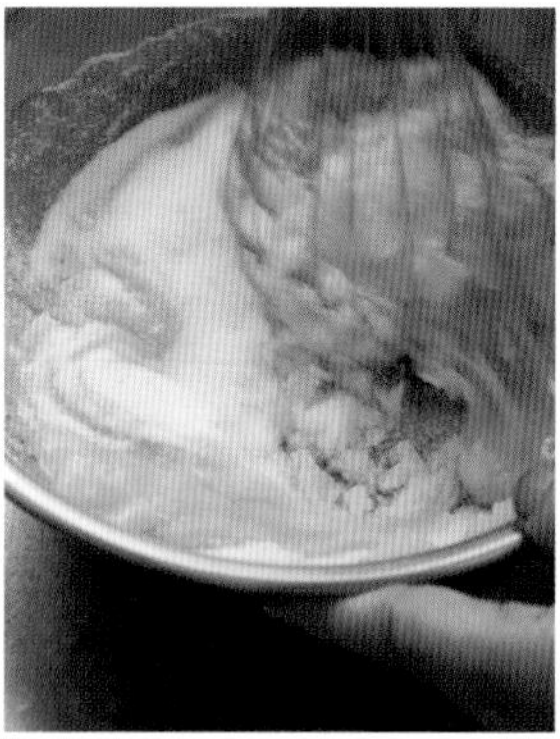

ボウルに卵黄とグラニュー糖を入れ、泡立て器ですり混ぜる。

3

**2**に**1**の3分の1量を加え、泡立て器でよく混ぜる。

4

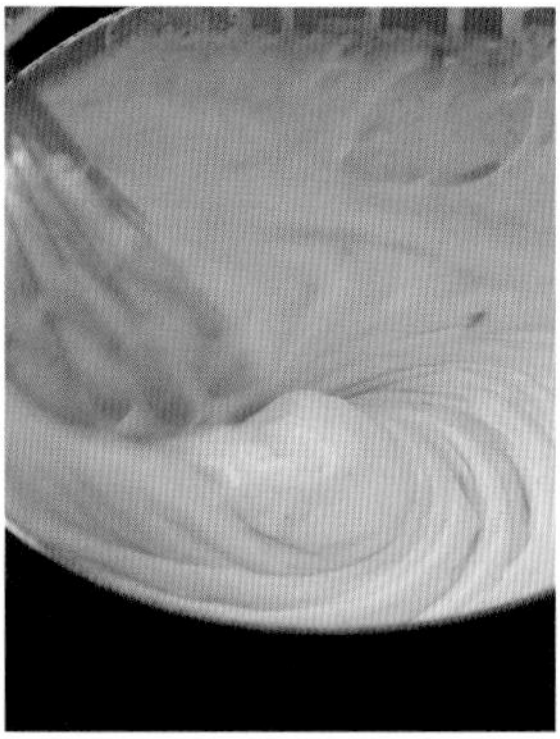

**1**の銅鍋に**3**を戻し入れて弱火にかけ、クレーム・アングレーズの要領で、泡立て器で混ぜながら火を入れてとろみをつける。

5

きざんだバターを加えて泡立て器で混ぜ溶かす。

6

ボウルの底を氷水にあてて急冷し、冷めたらラップフィルムをかけて密着させ、冷蔵庫に1晩置く（エイジング）。

※エイジングしないと、粉っぽくざらりとした舌ざわりになってしまう。

## パート・シュクレ・オー・ザマンドを焼く

1

あらかじめ仕込んでおいたパート・シュクレ・オー・ザマンドを冷蔵庫から取り出し、打ち粉をふって、シーターで厚さ2mmにのばす。ピケして、直径8cmの菊型で抜く（1枚約10g）。

2

フッ素樹脂加工の天板に並べ、上火・下火ともに180℃のオーブンで約8分焼成する。焼き上がったら網にのせて室温で冷ます。

## ムラング・フランセーズをつくる

1

ミキサーボウルに卵白を入れ、ホイッパーで、高速で泡立てる。3〜4分立てに泡立ったら、グラニュー糖を少しずつ加える。

※きめ細かい気泡がしっかりと入ったメレンゲにするため、あまり泡立たないうちにグラニュー糖を加える。

2

8分立て程度に泡立ったら低速に切り替え、ふるった粉糖を少しずつ加えながら撹拌を続ける。全体が混ざったら高速に切り替え、つやが出て、ホイッパーですくうとピンと角が立つまでしっかり泡立てる。

3

直径6×高さ4.5cmのセルクルの外側側面に、モールド用剥離脂（分量外・ピュラトス「ピュラリックス」、以下同）を手でしっかり塗る。シルパットを敷いた天板に間隔をあけて置く。

4

口径6mmの丸口金を付けた絞り袋に**2**を入れ、上から垂らすようにしながら、**3**のセルクルの外側側面にぐるぐると巻き付けるように絞る。

※途中で絞るのを止めるときれいに仕上がらないので、最後まで一気に絞り切ること。

## クレーム・グラッセ・ヴァニーユを仕上げる

1

エイジングしたクレーム・グラッセ・ヴァニーユのアパレイユを、ヴァニラビーンズのサヤを取り除いてからアイスクリームマシンにかける。

※目安は15分程度。マシンがすでに冷えている状態であれば、5分程度で仕上がる。

2

アイスクリームマシンの内側側面にべったりと付く状態になったら、冷却を止めて撹拌を数分続ける。マシンの撹拌は止めずに、クレーム・グラッセ・ヴァニーユを冷やした容器に移し入れる。密閉して冷凍庫で保管する。

5

天板に直径6.5cmの円を描いた型紙をのせる。その上にシルパットを重ねて敷き、モールド用剥離脂を手で薄く塗る。口径6mmの丸口金を付けた絞り袋に**2**を入れ、型紙に沿ってしずく形が連なったリング形に絞る。

6

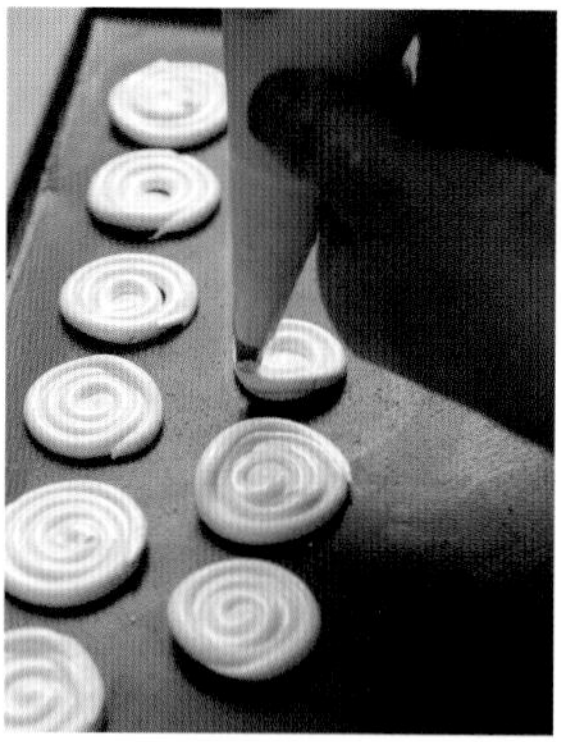

別の天板にシルパットを敷き、モールド用剥離脂を手で薄く塗る。口径6mmの丸口金を付けた絞り袋に**2**を入れ、中心から外側へ渦巻きを描くようにして絞り、直径5cmの円形をつくる。

7

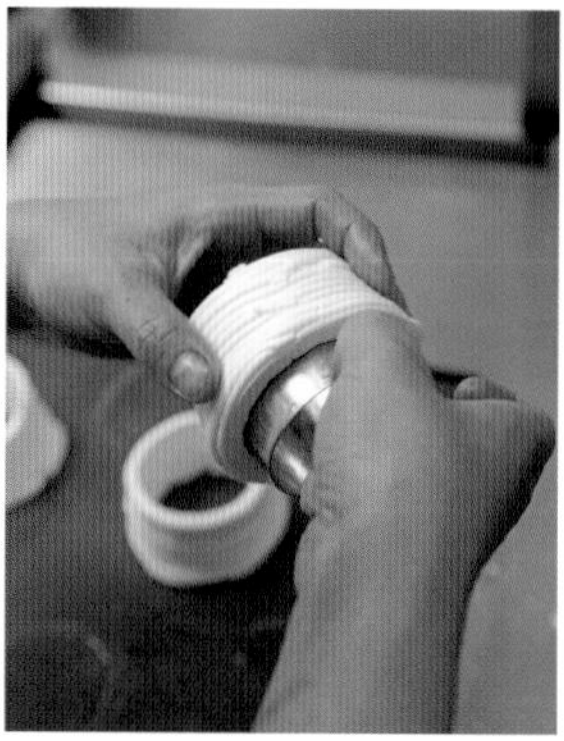

**4**、**5**、**6**を100℃のコンベクションオーブンで約1時間、しっかり乾燥するまで焼成する。ただし**4**は、約45分経過してメレンゲが焼き固まってきたところでいったん取り出し、セルクルをはずしてふたたびオーブンに戻して焼成する。焼き上がったら室温で冷まし、密閉容器に入れて保管する。

※メレンゲは乾燥すると縮むので、セルクルを入れたまま焼き上げると割れてしまう。ただし、セルクルをはずすのがはやすぎると、やわらかすぎて形がくずれてしまう。ある程度焼き固まってきてからセルクルをはずすこと。

## ソルベ・アブリコをつくる

1

ボウルにアプリコットのピュレを入れ、ボーメ30度のシロップ、転化糖、レモン果汁を順に加え、泡立て器で混ぜて、ボーメ18度にする。

2

アイスクリームマシンにかける。

※目安は15分程度。マシンがすでに冷えている状態であれば、5分程度で仕上がる。

3

アイスクリームマシンの内側側面にべったりと付く状態になったら、冷却を止めて撹拌を数分続ける。マシンの撹拌は止めずに、ソルベ・アブリコを冷やした容器に移し入れる。密閉して冷凍庫で保管する。

## 組立て・仕上げ

1

バットにパート・シュクレ・オー・ザマンドを焼き面が上になるように並べ、直径6cmの円筒形のムラング・フランセーズをのせる。

2

口金を付けていない絞り袋にクレーム・グラッセ・ヴァニーユを入れて絞り袋の先端をハサミで切り、**1**に半分の高さまで絞り入れる。

3

**2** の中に直径 5cm の円形のムラング・フランセーズを焼き面が上になるように入れ、指で軽く押さえて接着する。ショックフリーザーに入れて、少し締める。

4

口金を付けていない絞り袋にソルベ・アブリコを入れて絞り袋の先端をハサミで切り、**3** にメレンゲの高さいっぱいになるまで絞り入れる。パレットナイフで平らにならし、ショックフリーザーに入れて、少し締める。

5

**4** に直径 6.5cm のリング形のムラング・フランセーズを焼き面が上になるようにしてのせる。

6

8 分立てにしたクレーム・シャンティイを 8 切 13 番の星口金を付けた絞り袋に入れ、**5** の上面に少し絞り入れてからロザス状に絞る。きざんだピスタチオをちらす。

# オーボンヴュータンの開業

1

3

4

１・２）1981年９月に、東京・尾山台にオープンした店舗は、奥行のある空間で、ダークブラウンが基調の落ち着いた雰囲気を醸していた。３）東急大井町線の尾山台駅からのびる商店街に立地。曲線が特徴的なガラス窓が目印だった。４）その窓際がサロン。５）店内のいちばん奥の数段上がった場所が焼き菓子の販売コーナーだった。

Column

2

5

# 親子で歴史をきざむ<br>新たなオーボンヴュータンへ

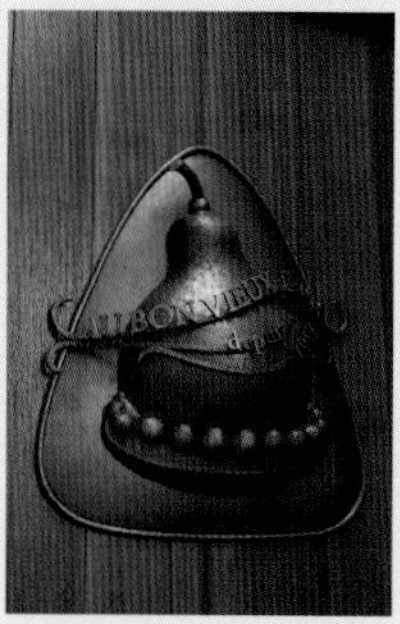

2

1

3

1）2015年4月、旧店舗から徒歩30秒ほどの環状八号線沿いに拡大リニューアルオープン。約3年半かけて新店舗が完成した。2）銅製の看板。弟子たちからの贈りものだ。3）瀟洒なシャンデリアが目をひく。会計用ブースを設置し、商品注文後に発行される注文票をレジ係に渡して会計。レシートをスタッフに提示して商品を受け取る。フランスに昔からある会計システムでもある。4）プティ・ガトースタイルのグラス（氷菓）は、移転後に販売をスタート。5）長男の薫さんによる生菓子も並ぶ。6）次男の力也さんがつくるハムやソーセージといったシャルキュトリーや、グラタンやサラダなどのトレトゥールも充実。

4

5

6

7

Column

10

8

9

7）菓子の道へ進んだ長男の薫さん（写真中央）、料理の道に進みシャルキュティエ（食肉加工職人）となった次男の力也さん（写真左）とともに、これからのオーボンヴュータンを築いていく。8）喫茶スペースも拡大。約14席を設け、日替りランチの「プラ・デュ・ジュール」も提供している。9）厨房は地下に集約。写真のメイン厨房のほか、グラス用、ショコラ用、コンフィズリー用の厨房も設けた。衛生面を考慮し、シャルキュトリー用の厨房は1階に配置。10）入口左手の陳列台にはフランス各地の郷土菓子や焼き菓子、ヴィエノワズリーをずらりと並べる。

【あ】

## ヴァニラシュガー
*sucre vanille*

材料
乾燥させたヴァニラビーンズのサヤ＊
*gousse de vanille sèchés*　4本
グラニュー糖　*sucre semoule*　100g
＊一度使用したサヤを洗って乾燥させたもの。

つくり方
1　乾燥させたヴァニラビーンズのサヤとグラニュー糖をミルで粉砕・撹拌する。
2　ふるいにかけ、ふるいに残ったヴァニラビーンズを取り除く。密閉容器に入れて室温で保管する。

---

## オレンジの皮のジュリエンヌ
*jullienne d'oranges confites*

材料
オレンジの皮　*zest d'orange*　適量 Q.S.
水アメ　*glucose*　適量 Q.S.

つくり方
1　オレンジの皮をピーラーで薄くむき、白い部分がある場合はペティナイフでそぎ落とす。包丁で千切りにする。
2　鍋にたっぷりの水（分量外）と①を入れ、火にかけて沸騰させる。ザルにあけて水けをよく切る。
3　鍋に②を入れ、水アメをひたひたになるまで加える。火にかけて110℃になるまで煮詰める。
4　網の上に取り出し、汁けを切る。密閉容器に入れて冷蔵庫で保管する。

する。

2　中火にかけ、ヘラで混ぜながら沸騰させる。

※すぐに使用しない場合はボウルに移し入れ、ラップフィルムをかけて密着させ、室温で冷ます。冷蔵庫で保管し、使用する直前に水を適量加えて火にかけ、ヘラで混ぜながら沸騰させる。

---

## グラス・ア・ロー
*glace à l'eau*

材料

フォンダン（→「基本」p167）
*fondant*　280g

ボーメ 30 度のシロップ（→「基本」p169）
*sirop à 30° Baume*　180 ～ 220g

つくり方

1　フォンダンを手でもんでやわらかくし、鍋に入れる。ボーメ 30 度のシロップを約 70g（レードルで 1 杯程度）加えて弱火にかけ、ヘラでよく混ぜながら、約 30℃まで加熱する。

2　約 30℃を保ちながらボーメ 30 度のシロップを約 140g（レードルで 2 杯程度）加え混ぜ、流動性が出て、指ですくうと指が透けて見える程度の濃度に調整する。

---

## クレーム・オ・ブール
*crème au beurre*

材料

バター　*beurre*　200g

パータ・ボンブ（→「基本」p166）
*pâte à bombe*　68g

ムラング・イタリエンヌ（→「基本」p169）
*meringue italienne*　68g

つくり方

1　冷たいバターを適当な大きさに切ってボウルに入れる。ボウルの底を直火にさっとあてて、泡立て器で混ぜてポマード状にする。

2　パータ・ボンブを加え、均一でなめらかな状態になるまでよく混ぜる。

3　ムラング・イタリエンヌを加え、均一でなめらかな状態になるまでよく混ぜる。

【か】

## ガナッシュ
*ganache*

材料

クーベルチュール（ダーク、カカオ分 55％）
*couverture noir 55% de cacao*　800g

生クリーム（乳脂肪分 47％）　*crème fraîche 47% MG*　150g

牛乳　*lait*　300g

転化糖（トリモリン）　*trimoline*　40g

バター＊　*beurre*　250g

＊冷やして、小さめの角切りにする。

つくり方

1　ボウルにクーベルチュールを入れ、湯煎にかけて溶かす。

2　鍋に生クリーム、牛乳、転化糖を入れ、火にかけて沸騰させる。

3　ミキサーボウルに①を入れ、②を注ぎ入れる。均一でなめらかな状態になるまで泡立て器でしっかりと混ぜる。

4　小さめの角切りにした冷たいバターを加え、ホイッパーを付けたミキサーで、人肌程度の温度になるまで低速で撹拌して乳化させる。

※すぐに使用しない場合は、ボウルに移し入れてラップフィルムをかけて密着させ、冷蔵庫で保管する。使用する直前に必要な量を火にかけて人肌程度になるまで温め、泡立て器で静かに混ぜて乳化させる。

---

## グラサージュ・ダブリコ
*glaçage d'abricot*

材料

コンフィチュール・ダブリコ（→「基本」p163）
*confiture d'abricot*　200g

ナパージュ・ヌートル（→「基本」p164）
*nappage neutre*　200g

水　*eau*　適量 Q.S.

つくり方

1　銅鍋にコンフィチュール・ダブリコとナパージュ・ヌートルを入れ、水を適量加えて固さを調整

## クレーム・パティシエール
*crème pâtissière*

材料
牛乳　*lait*　1500g
ヴァニラビーンズ＊　*gousse de vanille*　1.5本
卵黄　*jaunes d'œufs*　15個分
グラニュー糖　*sucre semoule*　375g
強力粉　*farine de gruau*　150g
バター（角切りにする）　*beurre*　150g
＊縦に割いて種を取り出す。サヤも使う。

つくり方
1　銅鍋に牛乳を入れ、ヴァニラビーンズのサヤと種を加えて、弱火にかける。
2　ボウルに卵黄とグラニュー糖を入れ、白くもったりとした状態になるまで泡立て器でよくすり混ぜる。
3　②に強力粉を加え、粉けがなくなるまで混ぜる。
4　①が沸騰したら、ヴァニラビーンズのサヤを取り除き、③に①の4分の1量を加えてよく混ぜる。
※この間も①の銅鍋は弱火にかけたままにしておく。
5　④を①の銅鍋に戻し入れて強火にし、泡立て器で混ぜながら沸騰させる。
※火が入るまでの最初の1～2分は焦げやすいので、鍋の底から手ばやくしっかりと混ぜながら加熱すること。
6　沸騰したあと、コシが切れて混ぜる手の感触が軽くなってきたら、火から下ろす。コシがしっかり抜けて、すくい上げるとスーッと流れ落ちる状態になる。
7　角切りにしたバターを加えて手ばやく混ぜる。
8　ボウルに移し入れ、ラップフィルムをかけて密着させる。すぐに冷蔵庫に入れて1晩おく。
※家庭用の冷蔵庫の場合は、バットに入れてラップフィルムをかけて密着させ、バットの底を氷水にあてて急冷してから冷蔵庫に入れる。
9　使用する直前に必要な量をボウルに入れ、ヘラでなめらかになるまで混ぜほぐす。

## クレーム・シャンティイ
*crème chantilly*

材料
生クリーム（乳脂肪分47％）　*crème fraîche 47% MG*
500g
グラニュー糖　*sucre semoule*　50g

つくり方
1　ミキサーボウルに生クリームとグラニュー糖を入れて低速～中速で撹拌し、少し泡立ってきたら高速に切り替えて、6分立てになるまで泡立てる。
2　ボウルに移し入れ、泡立て器でさらに泡立ててキメをととのえる。泡立て具合は用途によって調整する。
※すぐに使用しない場合は、①の状態でボウルに移し入れ、ラップフィルムをかけて冷蔵庫で保管する。

---

## クレーム・ダマンド
*crème d'amandes*

材料
バター　*beurre*　125g
タン・プール・タン（→「基本」p163）
*T.P.T.*　250g
全卵（溶きほぐす）　*œufs entiers*　2個

つくり方
1　冷たいバターを適当な大きさに切ってボウルに入れる。ボウルの底を直火にさっとあて、泡立て器で混ぜてポマード状にする。
2　タン・プール・タンを加え、しっかりとすり混ぜる。
3　溶きほぐした全卵を少しずつ加え、均一でなめらかな状態になるまでよく混ぜる。
4　ラップフィルムをかけて密着させ、冷蔵庫に2～3時間置く。

## コンフィチュール・フランボワーズ・ペパン
*confiture de framboise pépines*

### 材料
フランボワーズ（冷凍、ホール）　*framboises*　500g
グラニュー糖＊　*sucre semoule*　500g
ペクチン＊　*pectine*　6g
＊混ぜ合わせる。

### つくり方
1　フランボワーズを種が通り抜けるくらいの粗めの漉し網で漉す。
2　銅鍋に①を入れ、混ぜ合わせたグラニュー糖とペクチンを加えて強火にかける。
3　穴じゃくしで混ぜながら糖度67～68％ Brixになるまで煮詰める。途中で適宜アクを取る。
4　ボウルに移し入れ、ラップフィルムをかけて密着させ、室温で冷ます。

## 【た】

## タン・プール・タン
*T.P.T.*

### 材料
アーモンド（皮なし、ホール）　*amandes*　200g
グラニュー糖　*sucre semoule*　200g
乾燥させたヴァニラビーンズのサヤ＊
*gousse de vanille sèchés*　1本
＊一度使用したサヤを洗って乾燥させたもの。

### つくり方
1　アーモンドとグラニュー糖、乾燥させたヴァニラビーンズのサヤをフードプロセッサーで粗めに粉砕・撹拌する。
2　幅約10mmに設定したローラーに3回ほどかける。室温で約1週間保存可能。

## コーヒーエッセンス
*extrait de café*

### 材料
グラニュー糖　*sucre semoule*　600g
水　*eau*　200g
湯＊1　*eau chaude*　500g
コーヒー豆（エスプレッソ用）＊2　*café*　250g
＊1 沸騰直前まで加熱する。
＊2 細かく挽く。

### つくり方
1　鍋にグラニュー糖と水を入れて強火にかけ、時々泡立て器で混ぜながら加熱する。
2　濃い茶色に色付いたら火を止め、沸騰直前まで加熱した湯を加え混ぜる。
3　ボウルに細かく挽いたコーヒー豆を入れ、②を注ぎ入れてよく混ぜる。ラップフィルムをかけ、40℃・湿度40℃のホイロに24時間入れてコーヒーの風味を抽出する。
4　さらし布で③を漉しながらボウルに移し入れる。さらし布に残った③は、さらし布で包んで力いっぱいぎゅっと絞って漉す。
5　密閉容器に入れ、室温で保管する。長期間保存可能。

---

## コンフィチュール・ダブリコ
*confiture d'abricot*

### 材料
アプリコットのピュレ　*pulpe d'abricot*　200g
グラニュー糖＊　*sucre semoule*　200g
ペクチン＊　*pectine*　10g
＊混ぜ合わせる。

### つくり方
1　アプリコットのピュレを粗い目（約2mm角）の漉し網で漉す。
2　銅鍋に①を入れ、混ぜ合わせたグラニュー糖とペクチンを加えて強火にかける。
3　穴じゃくしで混ぜながら沸騰させる。途中で適宜アクを取る。
4　ボウルに移し入れ、ラップフィルムをかけて密着させ、室温で冷ます。

うになったら火から下ろす。
4　ミキサーボウルに③を入れ、ビーターを付けたミキサーで、低速で撹拌する。約60℃まで冷めたら全卵を6～8回に分けて加え、そのつどしっかりと混ぜる。全卵をすべて加え終わった時点での温度は、30～35℃が目安。
5　ヘラですくうとゆっくり、なめらかに流れ落ち、ヘラに残った生地が細長い逆三角形になればOK。固ければ、全卵をさらに加え混ぜて調整する。

---

### パータ・ババ
*pâte à baba*

材料
ドライイースト　*levure sèche de boulanger*　8g
グラニュー糖A　*sucre semoule*　8g
ぬるま湯　*eau tiède*　40g
強力粉　*farine de gruau*　300g
全卵（溶きほぐす）　*œufs entiers*　4個
牛乳（室温にもどす）　*lait tempéré*　120g
A　バター　*beurre*　90g
　グラニュー糖B　*sucre semoule*　8g
　塩　*sel*　8g
レーズン　*raisins secs*　90g

つくり方
1　ボウルにドライイーストとグラニュー糖Aを入れ、ぬるま湯を注ぐ。ふつふつと泡立ってくるまで20～30分、室内の暖かい場所に置いて予備発酵させる。
2　ミキサーボウルに強力粉、全卵、①を入れる。フックを付けたミキサーで、低速でざっと混ぜる。高速に切り替えて牛乳を5～6回に分けて加え、そのつど生地がつながるまで撹拌する（約20分かかる）。
3　生地がまとまってボウルの内側側面に付かなくなったら、生地を少量手に取り、のばして薄い膜状になることを確認してミキサーから下ろす。生地が固くてちぎれるようであれば、水（分量外）を少量加え混ぜて調整する。
4　打ち粉をふったカードで生地の端を下に押し込むようにして生地の表面を張らせてまとめる。ラップフィルムをかけ、室内の暖かい場所に置いて約2

## 【な】

### ナパージュ・ヌートル
*nappage neutre*

材料
ナパージュ・ヌートル（ドゥジョー「ナパージュ・ジェルブリ・ヌートル」）　*nappage neutre*　800g
水アメ　*glucose*　120g
水　*eau*　400g

つくり方
1　銅ボウルにすべての材料を入れて火にかけ、泡立て器で混ぜながら加熱する。沸騰したら火から下ろす。
2　そのまま室温で冷まし、漉し網で漉す。密閉容器に入れて冷蔵庫で保管する。

## 【は】

### パータ・シュー
*pâte à choux*

材料
水　*eau*　250g
牛乳　*lait*　250g
グラニュー糖　*sucre semoule*　10g
塩　*sel*　10g
バター（約1cm角に切る）　*beurre*　225g
薄力粉　*farine ordinaire*　300g
全卵＊　*œufs entiers*　400g
＊生地の固さを見ながら分量を調整すること。固いようであれば増やし、やわらかいようであれば減らす。

つくり方
1　銅鍋に水、牛乳、グラニュー糖、塩、約1cm角に切ったバターを入れて強火にかけ、ヘラで混ぜながら加熱する。沸騰したら火から下ろす。
2　ふるった薄力粉を加え、粉けがなくなるまで手ばやく混ぜる。
3　ふたたび強火にかけ、鍋に焦げつかないようにヘラで底からすくうようにして混ぜながら加熱し、水分を飛ばす。生地がまとまって鍋底から離れるよ

3　②に①を加え、フックを付けたミキサーで、低速で撹拌する。全体がざっとなじんだら、中速に切り替えてしっかりと練り混ぜる。
4　全体がまとまり、つやと弾力が出たら、打ち粉をした作業台に置いて手でひとまとまりにする。
5　ビニール袋に入れ、冷蔵庫に3時間以上置く。

---

## パータ・ブリオッシュ
*pâte à brioches*

### 材料
ドライイースト　*levure sèche de boulanger*　10g
グラニュー糖A　*sucre semoule*　1g
ぬるま湯　*eau tiède*　50g
グラニュー糖B　*sucre semoule*　30g
塩　*sel*　7g
全卵　*œufs entiers*　100g
水　*eau*　20g
薄力粉*　*farine ordinaire*　125g
強力粉*　*farine de gruau*　125g
バター（室温にもどす）　*beurre* 150g
ドリュール（全卵）　*dorure*（*œufs entiers*）　適量Q.S.
*合わせてふるう。

### つくり方
1　ボウルにドライイーストとグラニュー糖Aを入れ、ぬるま湯を注ぐ。ふつふつと泡立ってくるまで20～30分、室内の暖かい場所で予備発酵させる。
2　ミキサーボウルに、①、グラニュー糖B、塩、全卵、水、合わせてふるった薄力粉と強力粉を入れる。フックを付けたミキリーで、低速でざっと撹拌し、中速に切り替えてしっかりと撹拌する。
3　ミキサーボウルの内側側面に生地が付かなくなり、手で生地をのばすと薄い膜状になるのを確認したら、室温にもどしたバターをちぎって入れ、つやが出るまで混ぜる。
4　ボウルに移し、打ち粉をふったカードで生地の端を下に押し込むようにして表面を張らせてまとめる。
5　ラップフィルムをかけ、冷蔵庫に5～6時間置いて1次発酵させる。発酵後は約2倍に膨らむ。
6　「ポロネーズ」（p25）の場合は、直径10×高さ11cmのブリオッシュ・ムースリーヌ型を使用。型倍に膨らむまで発酵させる。
5　ボウルにAを入れ、手でもみ込むようにして均一な状態になるまで混ぜる。
※バターは冷蔵庫から出したての固いものを使用し、混ぜながらもみ込んでやわらかくする。
6　④をフックを付けたミキサーで、高速で撹拌してガス抜きする。生地がボウルの内側側面に付かなくなったら⑤を加え、ムラがなくなるまで混ぜる。
7　生地を少量手に取ってのばすと③よりしなやかにのび、薄い膜状になることを確認してミキサーから下ろす。レーズンを加え、手で混ぜる。
8　直径5×高さ3cmのセルクルの内側にモールド用剥離脂（分量外）を手で薄く塗り、シルパットを敷いた天板に並べる。口径12mmの丸口金を付けた絞り袋に⑦を入れ、型の半分の高さまで絞って、水を付けた指でカットする。
9　室内の暖かい場所に置いて発酵させる。約10分経ったらスプレーで水（分量外）を吹き付ける。そのまま約2倍に膨らむまで発酵させる。
10　上火・下火ともに200℃のオーブンで約20分焼成する。色付いたら型をはずし、横にして天板に並べ、上火・下火ともに180℃のオーブンで約12分、しっかりと乾燥するまで焼成する。焼き上がったら網にのせて室温で冷ます。

---

## パータ・フォンセ
*pâte à foncer*

### 材料
全卵　*œufs entiers*　1個
卵黄　*jaune d'œuf*　1個分
水　*eau*　80g
塩　*sel*　10g
グラニュー糖　*sucre semoule*　20g
薄力粉　*farine ordinaire*　500g
バター*　*beurre*　300g
*冷蔵庫から出し、ややややわらかくする。

### つくり方
1　ボウルに全卵と卵黄を入れて泡立て器で溶きほぐし、水、塩、グラニュー糖を加え混ぜる。
2　ミキサーボウルに薄力粉とやややわらかくしたバターを入れ、手でもみほぐす。

## パート・シュクレ・オー・ザマンド
*pâte sucrée aux amandes*

### 材料
バター（室温にもどす）　*beurre*　250g
粉糖　*sucre glace*　38g
塩　*sel*　2g
全卵　*œufs entiers*　1個
卵黄　*jaune d'œuf*　1個分
タン・プール・タン　（→「基本」p163）
　*T.P.T.*　225g
薄力粉　*farine ordinaire*　375g

### つくり方
1　ミキサーボウルに室温にもどしたバターを入れ、ビーターを付けたミキサーで、低速で撹拌してポマード状にする。
2　粉糖と塩を加え、時々高速に切り替えながら白っぽくなるまで混ぜる。
3　全卵と卵黄を順に加え、そのつど中低速でしっかり撹拌する。
4　それぞれふるったタン・プール・タンと4分の1～3分の1量の薄力粉を加え、均一な状態になるまで低速で混ぜる。
5　残りの薄力粉を加え、粉けがなくなるまで混ぜる。
6　打ち粉をふった作業台に⑤を置き、手のひらで少し練るようにしてまとめる。
7　ビニール袋に入れて平らにし、冷蔵庫に1時間以上置く。

---

## パート・ダマンド・クリュ
*pâte d'amandes crue*

### 材料
アーモンド（皮なし・ホール）　*amandes*　250g
グラニュー糖　*sucre semoule*　250g
卵白　*blancs d'œufs*　30g
水　*eau*　30g

### つくり方
1　フードプロセッサーでアーモンドとグラニュー糖を粗めに粉砕・撹拌する。

の内側側面と底に澄ましバター（分量外）を塗り、側面と底の大きさに合わせて切ったオーブンシートを貼り付ける。
7　⑤を作業台に置き、パンチをしてガスを抜く。打ち粉をふり、250gずつに分割する。
8　⑦を手のひらで上から包むようにして作業台の上で転がし、表面を張らせるように丸める。
9　⑥の型に⑧を入れ、室内の暖かい場所に置いて2次発酵させる。約10分経ったらスプレーで水（分量外）を吹き付ける。発酵後は約2倍に膨らむ。
10　上面に刷毛でドリュールを塗り、ハサミで十字に切り込みを入れる。上火・下火ともに200℃のオーブンで約20分焼成し、上火・下火ともに180℃にしてさらに約40分焼成する。
11　焼き上がったらすぐに型をはずし、網にのせて室温で冷ます。そのまま冷蔵庫に1日置く。
※ラップフィルムなどをかけずに冷蔵庫に1日置くことで、固くなる。

---

## パータ・ボンブ
*pâte à bombe*

### 材料
グラニュー糖　*sucre semoule*　250g
水　*eau*　84g
卵黄　*jaunes d'œufs*　8個分

### つくり方
1　銅鍋にグラニュー糖と水を入れて強火にかけ、103℃になるまで加熱する。フィレ（シロップを指でつまんで離すと糸を引く）の状態になる。
2　ミキサーボウルに卵黄を入れて泡立て器で溶きほぐし、①を加えながら手ばやく混ぜる。
3　ホイッパーを付けたミキサーで、空気を含んでボリュームが出るまで高速で撹拌する。中速に切り替え、キメをととのえる。つやが出て、ホイッパーですくうと生地がリボン状に流れ落ちる状態になったらミキサーを止める。
4　ボウルに移し、ラップフィルムを密着させてかけ、冷蔵庫でもしくは冷凍庫で保管する。冷蔵で約1週間、冷凍で2～3週間保存可能。

生地を折りたたんで密着させる。
10　打ち粉をしながら、麺棒で叩いて約 25 × 25cm の正方形にのばす。ビニール袋に入れて冷蔵庫に 1 時間以上置く。
11　打ち粉をしながら、麺棒で叩いて厚さ 1 ～ 2㎝にのばす。シーターで約 105 × 35cm ×厚さ約 6mm の長方形にのばす。
12　作業台に横長にして置き、3 つ折りにして両端を麺棒で押さえて密着させる。
13　生地の向きを 90 度変えて、⑪～⑫をくり返す。
14　ビニール袋に入れて、冷蔵庫に 1 時間～ 1 時間 30 分置く。
15　⑪～⑭をあと 2 回くり返す（3 つ折りを計 6 回行う）。
※上記は 3 つ折りを計 6 回行なう場合だが、菓子によって折る回数は異なる。⑪～⑭の作業回数の増減で随時調整する。

---

## フォンダン
*fondant*

材料
グラニュー糖　*sucre semoule*　500g
水　*eau*　200g
水アメ　*glucose*　37.5g

つくり方
1　鍋にすべての材料を入れて火にかけ、118 ～ 119℃になるまで加熱する。
2　①に消毒用アルコールを吹き付け、大理石の作業台に流す。ヘラと三角パレットで大きく広げては中央にまとめる作業をくり返し、約 40℃になるまで冷ます。
3　ヘラで広げてはこそげ取ってまとめる作業をくり返し、真っ白に糖化して作業台からボロボロとはがれる状態にする。
4　ミキサーボウルに③を入れ、フックを付けたミキサーで、つやが出てなめらかな状態になるまで低速で撹拌する。
5　大理石の作業台に置き、手でもみながらひとまとめにする。ラップフィルムで包んで室温で保管する。

2　ボウルに①、卵白、水を入れて手で混ぜ合わせる。
3　手でざっとひとまとめにし、幅約 1.5mm に設定したローラーに 1 回かける。
4　ひとまとめにしてラップフィルムで包み、冷蔵庫で保管する。約 2 週間保存可能。

---

## パート・フイユテ
*pâte feuilletée*

材料
牛乳　*lait*　226g
水　*eau*　226g
塩　*sel*　20g
グラニュー糖　*sucre semoule*　20g
バターA　*beurre*　100g
薄力粉＊　*farine ordinaire*　500g
強力粉＊　*farine de gruau*　500g
バターB　*beurre*　400g
＊合わせてふるう。

つくり方
1　ボウルに牛乳、水、塩、グラニュー糖を入れ、泡立て器で混ぜる。
2　作業台にバターAを置いて麺棒で叩き、少ししなやかな状態にする。包丁で適当な大きさに切る。
3　ミキサーボウルに合わせてふるった薄力粉と強力粉、②を入れてフックを付けたミキサーで、低速で撹拌する。
4　すぐに①を少しずつ加え混ぜる。粉がとびちらなくなったら中速に切り替え、水けがなくなって小さな塊ができるまで撹拌する。
5　打ち粉をした作業台に置き、手で球状にまとめる。
6　包丁で十字に切り込みを入れ、ビニール袋に入れて冷蔵庫に 1 時間以上置く。
7　⑥を打ち粉をした作業台に置き、切り込みを四方に押し開いて麺棒で中心から外側へ向かって軽くのばす。中央はやや小高いまま残しておく。
8　作業台にバターBを置いて麺棒で叩き、少ししなやかな状態にする。打ち粉をしながら厚さ 4cm の正方形にざっとのばす。
9　⑦の中央に⑧を 45 度回転させて置き、四方から

## プラリネ・オー・フール・セック
*praliné aux fours secs*

材料
ヘーゼルナッツ（皮付き、ホール） *noisettes* 1000g
アーモンド（皮なし、ホール） *amandes* 1000g
グラニュー糖 *sucre semoule* 2200g
クーベルチュール（ダーク、カカオ分54%）*
*couverture noir 54% de cacao* 500g
＊溶かす。

つくり方
1 天板にヘーゼルナッツを広げ、上火・下火ともに180℃のオーブンで中心が色付くまでローストする。
2 目の粗いふるいに入れて手でこするようにして転がし、皮をざっと取り除く。皮が多少残っていてもOK。室温で冷ます。
3 ①と並行して、別の天板にアーモンドを広げ、上火・下火ともに180℃のオーブンで軽く色付くまでローストする。室温で冷ます。
4 銅鍋を火にかけ、グラニュー糖のうち少量を鍋底が隠れる程度に薄くまき広げる。
5 溶けて茶色に色付いてきたら残りのグラニュー糖のうち少量を手でまくように加える。これをくり返してグラニュー糖の全量を加え、ヘラで時々混ぜながら濃い茶色にしっかり色付くまで加熱する。
6 大理石の作業台にシルパットを敷いて⑤を流し、室温で冷まして固める。乾燥剤とともに密閉容器に入れて保管する。
7 ⑥を適当な大きさに割ってフードプロセッサーに入れ、②と③を加えて粗めのペースト状にする。
※フードプロセッサーが熱をもつとナッツの油脂が出てしまうので、できるだけ熱をもたないよう、少ない回転数で粉砕する。
8 ⑦に溶かしたクーベルチュールを混ぜ合わせ、ローラーに3回かける。ローラーの幅は、最初は約0.5mmに設定し、徐々に狭くしてなめらかなクリーム状にする。
※すぐに使用しない場合には、⑧で最後の1回を残した状態でビニールシートに包んで室温で保管する。約1年保存可能。使用する直前に必要な量を取り出し、ローラーに1回かけてなめらかなクリーム状にする。

## プラリネ・アマンド・ノワゼット
*praliné amande noisette*

材料
ヘーゼルナッツ（皮付き、ホール） *noisettes* 200g
アーモンド（皮なし、ホール） *amandes* 200g
グラニュー糖 *sucre semoule* 300g
水 *eau* 80g

つくり方
1 天板にヘーゼルナッツを広げ、上火・下火ともに180℃のオーブンで中心が色付くまでローストする。
2 目の粗いふるいに入れて手でこするようにして転がし、皮をざっと取り除く。皮が多少残っていてもOK。
3 ①の作業と並行して、別の天板にアーモンドを広げ、上火・下火ともに180℃のオーブンで軽く色付くまでローストする。
4 鍋にグラニュー糖と水を入れて火にかけ、118℃になるまで加熱する。
5 銅ボウルに②と③を温かいうちに入れ、④を加えてヘラで全体を混ぜ合わせてシロップを白く糖化させる。天板に広げて粗熱をとる。
6 銅ボウルに⑤を戻し入れて強火にかけ、ヘラで底からすくうようにして混ぜながら糖を徐々に溶かしていく。糖が溶けて全体が濃い茶色に色付くまで火を入れる。
7 天板に広げ、しっかり冷ます。
8 ⑦を適当な大きさに割り、フードプロセッサーで粗めのペースト状にする。
※フードプロセッサーが熱をもつとナッツの油脂が出てしまうので、できるだけ熱をもたないように少ない回転数で粉砕する。
9 ローラーに4～5回かける。ローラーの幅は、最初は約0.5mmに設定し、徐々に狭くしてなめらかなクリーム状にする。
※すぐに使用しない場合には、⑨で最後の1回を残した状態でビニールシートに包んで室温で保管する。約1年保存可能。使用する直前に必要な量を取り出し、ローラーに1回かけてなめらかなクリーム状にする。

タン・プール・タン（→「基本」p163）
*T.P.T.*　60g
グラニュー糖　*sucre semoule*　45g

つくり方
1　ミキサーボウルに卵白と乾燥卵白を入れ、ホイッパーでざっと混ぜてから、ホイッパーを付けたミキサーで、高速で6～7分立てになるまで泡立てる。
2　低速に切り替えて粉糖を加え、ふたたび高速に切り替えて、つやが出てホイッパーですくうとピンと角が立つ状態になるまで泡立てる。
3　ボウルに②を入れ、ふるったタン・プール・タンを加えてゴムベラでざっと混ぜる。
4　グラニュー糖を加えてムラなく混ぜる。
5「モンブラン」（p88）の場合は、口径9mmの丸口金を付けた絞り袋に④を入れ、刷毛で澄ましバター（分量外）を薄く塗った天板に、直径15cm、12cm、10cmの格子入りの円形をそれぞれ2つずつ絞る。
6　上火・下火ともに130℃のオーブンで約1時間焼成する。焼き上がったら室温で冷ます。
※中心までしっかりと色付くまで火を入れる。

## ボーメ30度のシロップ
*sirop à 30° Baumé*

材料
グラニュー糖　*sucre semoule*　1350g
水　*eau*　1000g

つくり方
1　鍋にグラニュー糖と水を入れて火にかけ、沸騰させる。
2　火から下ろして冷ます。密閉容器に入れて室温で保管する。約2週間保存可能。

【ま】

## ムラング・イタリエンヌ
*meringue italienne*

材料
グラニュー糖　*sucre semoule*　400g
水　*eau*　135g
卵白　*blancs d'œufs*　200g

つくり方
1　鍋にグラニュー糖と水を入れて強火にかけ、沸騰させる。122℃になるまで加熱する。
2　①が沸騰したら、ミキサーボウルに卵白を入れ、ホイッパーを付けたミキサーで、高速で撹拌をはじめ、①のタイミングと合わせて泡立つようにする。
3　①が122℃になったら、②のミキサーを中速に切り替えて②に①を注ぎ入れる。
4　注ぎ終えたら、高速に切り替え、つやが出て、ホイッパーですくうとピンと角が立つ状態になり、温度が人肌程度になるまで撹拌する。

---

## ムラング・オー・ザマンド
*meringue aux amandes*

材料
卵白　*blancs d'œufs*　100g
乾燥卵白　*blancs d'œufs en poudre*　2g
粉糖　*sucre glace*　75g

# 河田勝彦のパティシエ人生

1944年　1月3日、戦時下の東京・本郷坂下町に生まれる。
1962年　4月　東京農業短期大学入学。
1964年　4月　4年制に編入するも中退。料理人を志す。「丸の内会館」に就職。
6月　東京オリンピック選手村のレストランに配属。
8月　疲労で体調をくずし、ひょうそうを患う。
9月　退職。
1965年　パティシエに転向し、「米津凮月堂」入社。
1966年　退社。
1967年　6月　渡仏し、パリ（Paris）へ。
9月　「シダ（Syda）」で職を得る（～68年5月）。
1968年　5月　五月革命が勃発し、失職。
パリから国道七号線を自転車で南下し、10日間かけて南フランス・マルセイユ（Marseille）へ。ふたたび北上をはじめ、ヴィエンヌ（Vienne）とヴァランス（Valence）の中間に位置する、サン＝ランベール・ダルボン（Sainte-Rambert-d'Albon）で約2ヵ月間、農家に住み込み、モモの収穫をして働く。
8月　パリへ戻る。
9月　南西フランス・ボルドー（Bordeaux）のワイナリーに住み込み、ブドウの収穫をして2週間働く。休日に訪れたリブルヌ（Libourne）の「パティスリー・ロペ（Pâtisserie Lopéz）」でカヌレと出合う。
10月　パリへ戻る。
11月　「サラバン（Salavin）」で働く（～69年4月）。
1969年　5月　「ポンス（Pons）」で働く（～71年4月）。料理の古書にも興味を持ち、集め始める。
7月　スイス・バーゼル（Basel）のコバ製菓学校（Coba）でアメづくりの研修をする（約1ヵ月）。
1971年　5月　「ポテル・エ・シャボー（Potel et Chabot）」で働く（～11月）。
11月　「グルモン（Gourmond）」でコンフィズリーを担当（約3週間）
12月　「コクラン・エネ（Coquelin Ainê）」で働く（～72年4月）。
1972年　5月　「カレット（Carette）」で働く（～7月）。
9月　チョコレートづくりを学ぶため、ベルギー・ブリュッセル（Bruxelles）の「ヴィタメール（Wittamer）」で働く（～73年4月）。
1973年　5月　パリへ戻り、ホテル「ジョルジュ・サンク（George V）」で働く（～7月）。
7月　ホテル「ヒルトン・ド・パリ（Hilton de Paris）」で働く（～9月）。
9月　レストラン「コッション・ドール（Cochon d'Or）」で働く（～11月）。
1974年　1月　ホテル「ヒルトン・ド・パリ（Hilton de Paris）」のシェフパティシエに就任（～75年6月）。
1975年　6月　「仕事の総仕上げ」と称し、友人と2人で2ヵ月間、車でフランス全土をくまなくまわる。
7月　帰国。
8月　埼玉県浦和市（現・さいたま市）に「かわた菓子研究所」を設立。
1977年　5月　加代子さんと結婚。
1978年　8月　長男・薫さん誕生。
1981年　4月　次男・力也さん誕生。
9月　東京都世田谷区に「オーボンヴュータン（Au Bon Vieux Temps）」をオープン。
1993年　『オーボンヴュータン 河田勝彦 フランス伝統菓子（暮らしの設計210号）』（中央公論社）刊行。
2002年　『河田勝彦の菓子 ベーシックは美味しい』（柴田書店）刊行。
2008年　『河田勝彦 菓子のメモワール プティ・フールとコンフィズリー』（柴田書店）刊行。
2009年　『伝統こそ新しい オーボンヴュータンのパティシエ魂』（朝日新聞出版）刊行。
『おいしい顔のお菓子たち』（扶桑社）刊行。
2010年　『古くて新しいフランス菓子』（ＮＨＫ出版）刊行。
2011年　『簡素なお菓子』（柴田書店）刊行。
2012年　10月「現代の名工」受賞。
11月「食生活文化賞銀賞」受賞。
2014年　『「オーボンヴュータン」河田勝彦のフランス郷土菓子』（誠文堂新光社）刊行。
2015年　4月　新店舗に移転リニューアル。
2016年　2月　『「オーボンヴュータン」河田勝彦のおいしい理由。お菓子のきほん、完全レシピ』（世界文化社）刊行。
2018年　1月　『すべてはおいしさのために』（自然食通信社）刊行。
2020月　7月　『オーボンヴュータン河田勝彦の永久定番菓子』（河出書房新社）刊行。

**河田勝彦**　かわた・かつひこ

1944年生まれ。67年から約8年間フランスで修業し、最後はパリのホテル「ヒルトン・ド・パリ」でシェフパティシエを務めた。帰国後は埼玉・浦和でチョコレート菓子や焼き菓子などの卸業をスタート。81年に世田谷・尾山台で「オーボンヴュータン」を開業。著書に『河田勝彦の菓子 ベーシックは美味しい』『河田勝彦 菓子のメモワール プティ・フールとコンフィズリー』（以上柴田書店）、『「オーボンヴュータン」河田勝彦のフランス郷土菓子』（誠文堂新光社）などがある。

オーボンヴュータン　*Au Bon Vieux Temps*

東京都世田谷区等々力 2-1-3
tel. 03-3703-8428

# オーボンヴュータン 河田勝彦の思い出菓子

## ―― 18の物語と、19のルセット

初版印刷　2021年12月1日
初版発行　2021年12月15日

著者　© 河田勝彦
発行人　丸山兼一
発行所　株式会社柴田書店
〒113-8477
東京都文京区湯島 3-26-9　イヤサカビル
営業部：03-5816-8282（注文・問合せ）
書籍編集部：03-5816-8260
https://www.shibatashoten.co.jp
印刷・製本　シナノ書籍印刷株式会社

ISBN　978-4-388-06344-4